Schriften zum neuen Aktienrecht
Herausgegeben von
Prof. Jean Nicolas Druey und Prof. Peter Forstmoser

Rechtsfragen um die Aktionärbindungsverträge

Mit Beiträgen von

Prof. Dr. Jean Nicolas Druey
Prof. Dr. Peter Böckli
Prof. Dr. Peter Nobel

D1640712

Schulthess Polygraphischer Verlag Zürich

13

© Schulthess Polygraphischer Verlag AG, Zürich 1998
ISBN 3 7255 3759 3

Vorwort

Aktionärbindungsverträge sind, entgegen damals erhobenen Postulaten, nicht in die Aktienrechtsreform 1991 einbezogen worden. Das hat sie in den vergangenen Jahren etwas ins rechtswissenschaftliche Abseits gerückt. Dies ist nicht nur unberechtigt insofern, als die Bedeutung dieser Art von Verträgen in der Praxis unvermindert gross ist. Auch das neue Aktienrecht ist, bei näherer Betrachtung, keineswegs spurlos an den Rechtsfragen vorbeigegangen, welche diese Vereinbarungen stellen.

Die in diesem Heft vereinigten Studien greifen zunächst die beiden klassischen Regelungsbereiche von Aktionärbindungsverträgen auf: die Stimmbindung sowie die Rechte bezüglich Veräusserung. Dazu tritt als neue Perspektive die Bedeutung von Aktionärbindungsverträgen im Börsenrecht, wo diese ausgeprägt «privaten» Rechtsbeziehungen teilweise zu öffentlich relevanten Tatbeständen wurden.

Die Beiträge gehen auf Vorträge zurück, die von den Autoren an Weiterbildungsseminaren der Universität St. Gallen gehalten wurden.

Dr. iur. Stefan P. Bühler danken wir für die Erstellung des Sachregisters.

Basel / St. Gallen / Zürich, im Juni 1998   Peter Böckli
                                               Jean Nicolas Druey
                                               Peter Nobel

3

Inhaltsübersicht

JEAN NICOLAS DRUEY
Professor an der Universität St. Gallen

Stimmbindung in der Generalversammlung und im Verwaltungsrat 7

PETER BÖCKLI
Professor an der Universität Basel, Advokat

Aktionärbindungsverträge mit eingebauten Vorkaufs- oder Kaufsrechten und Übernahmepflichten 35

PETER NOBEL
Professor an der Universität St. Gallen, Rechtsanwalt

Koordiniertes Aktionärsverhalten im Börsenrecht
Eine erste Auslegeordnung 75

Sachregister 97

Jean Nicolas Druey

Stimmbindung in der Generalversammlung und im Verwaltungsrat[*]

Inhaltsübersicht

I. Die Gültigkeit von Stimmrechtsvereinbarungen — 9
A. Beschlüsse der Generalversammlung — 9
  1. Unterlaufen der Vinkulierungsordnung — 9
  2. Art. 27 ZGB — 11
  3. Unterlaufen des gesetzlichen Willensbildungsmechanismus — 12
B. Beschlüsse des Verwaltungsrats — 13
  1. Gleiche Gesichtspunkte wie für die Generalversammlung — 13
  2. Schranken — 16
    a) Gleiche Gesichtspunkte wie für die Generalversammlung, aber mehr Flexibilität erforderlich — 16
    b) Verletzung der Gesellschaftsinteressen (Verantwortlichkeit) — 17
  3. Aktionärsinteressen als Gesichtspunkt für Verwaltungsrats-Handeln — 18
C. Isolierte oder «weiterfressende» Ungültigkeit? — 20
  1. Einzelne Stimmrechtsausübung oder Stimmbindung als solche? — 21
  2. Einzelner Teil oder ganzer Aktionärbindungsvertrag? — 22

II. Typologie — 22
A. Beteiligung aller Aktionäre — 23
B. Beteiligung eines Teils der Aktionäre — 26
C. Bindung eines einzelnen Aktionärs oder Verwaltungsrats — 27

III. Einzelne Vertragsklauseln — 28
A. Exklusivität — 28
B. Formelle und materielle Stimmbindung — 29
C. Qualifiziertes Mehr — 30
D. Einigungszwang — 30
E. Patt-Situationen — 31
F. Einzelheiten der Vorversammlung — 32

Aktionärbindungsverträge sind, wie ja alle Verträge, ein Instrument der *Stabilisierung*. Stabilisierung heisst, dass die Sicherheit, mit welcher das Verhalten der andern Mitspieler in einer Unternehmung erwartet werden kann,

---

[*] Lic. iur. Ruedi Kunz danke ich herzlich für seine fruchtbar mitdenkende Assistenz.

7

erhöht wird. Das beste Beispiel ist immer das Joint venture: wer in ein Unternehmen neben anderen Grossinvestoren seine Mittel einbringt und dabei strategische Ziele verfolgt, der braucht unendlich viel mehr Sicherheit, als ihm das Gerippe von AG-Statuten geben kann, Sicherheit darüber, dass die andern bei seinen unternehmerischen Intentionen mitmachen.

Primäres Zielfeld solcher Abmachungen ist darum die Willensbildung, und weil diese Willensbildung jeweils in Gremien und Versammlungen erfolgt, das Abstimmungsverhalten.

Nun machen wir uns als Juristen keine Illusionen: dieses Vertrauenkönnen auf das Verhalten der andern Mitspieler wird, soweit es existiert, nur zu einem kleinen Teil durch rechtliche Instrumente gewährleistet. Das Vertrauen hat viel mehr mit der «Chemie» zu tun, die stimmen muss, mit Interessenparallelitäten usw. Die Schwierigkeiten der Durchsetzung von Aktionärbindungsverträgen sind bekannt[1], Schwierigkeiten, welche eben in erster Linie den Bereich des Stimmverhaltens betreffen. Seien wir uns zum vornherein bewusst, dass dieses Problem nicht einfach durch irgendwelche Raffinessen bewältigt werden kann, sondern im Grund in der Natur der Dinge liegt. Aktionärbindungsverträge, und besonders noch die Stimmbindungen, wollen eigentlich den Fünfer und das Weggli, nämlich Stabilität aber doch auch *Flexibilität*. Aktionärbindungsverträge werden auf lange bis sehr lange Frist abgeschlossen[2], und niemand kann so weit hinaus bestimmen, was die beste Unternehmenspolitik oder auch nur das beste Abstimmungsprozedere sein wird. Deshalb haben weitsichtige Juristen festgestellt, dass der rechtliche Steuerungsrahmen für ein Unternehmen immer aus einer Mischung von *Organisation und Vertrag* bestehen muss[3]. Die Organisation, mithin das Gesellschaftsrecht, bietet das blosse Gefäss, den Mechanismus, in welchem ohne inhaltliche Vorgabe Willensbildung stattfindet – Organisation gewährleistet Flexibilität. Der Vertrag dagegen ist ein Programm für die Realisierung konkreter Interessen. Nicht von ungefähr ist der Aktionärbindungsvertrag eine Rechtsinstitution, die auf diesen beiden Instrumenten zugleich zu spielen sucht. Das ist sowohl seine besondere Stärke wie seine Schwäche. Er hat immer *die Gesellschaft zur Grundlage,* er will «das Spiel der AG spielen», und hat die Konsequenzen zu tragen.

[1] PETER FORSTMOSER, Aktionärbindungsverträge, in: FS Schluep, Zürich 1988, 373 f.; FORSTMOSER/MEIER-HAYOZ/NOBEL, Schweizerisches Aktienrecht, Bern 1996, § 39 N 191 ff.; HANSJÜRG APPENZELLER, Stimmbindungsabsprachen in Kapitalgesellschaften, Zürich 1996, 57 f.; HANS GLATTFELDER, Die Aktionärbindungs-Verträge, ZSR 1959 309a ff.
[2] PETER FORSTMOSER (zit. FN 1) 369; FORSTMOSER/MEIER-HAYOZ/NOBEL (zit. FN 1) § 39 N 173 f.
[3] TERENCE DAINTITH/GUNTHER TEUBNER (Hrsg.), Contract and Organization, Berlin 1986.

I. Die Gültigkeit von Stimmrechtsvereinbarungen

Dass Aktionärbindungsverträge, und damit auch Stimmbindungen, grundsätzlich gültig sind, bestreitet in der Schweiz heute niemand mehr[4]. Vor allem drei Aspekte sind indessen diskussionsbedürftig und wichtig.

– Die Zulässigkeit hat Ausnahmen (nachstehend Ziff. I.A.).

– Um ihren Sinn zu entfalten, müssen viele Aktionärsbindungen eine Auswirkung auf das Verhalten im Verwaltungsrat haben. Ist Stimmbindung auch auf der Ebene des Verwaltungsrats möglich (nachfolgend Ziff. I.B.)?

– Die Frage der Rechtsfolge: Rechtswidrige Verträge sind nichtig (Art. 20 OR). Wieweit bringen indessen rechtswidrige Stimmbindungen das Ganze zu Fall oder erzeugen blosse Teilnichtigkeit (nachfolgend Ziff. I.C.)?

A. Beschlüsse der Generalversammlung

Die Gültigkeit von Aktionärbindungsverträgen erfährt Einschränkungen aus drei verschiedenen Richtungen.

1. Unterlaufen der Vinkulierungsordnung

Die erste ist, dass solche Vereinbarungen nicht zum Unterlaufen der Vinkulierungsordnung einer AG führen dürfen[5]. Es versteht sich, dass man den nicht zugelassenen Käufer von vinkulierten Namenaktien nicht durchs Hintertürchen in der Generalversammlung haben will, indem dieser einen Stimmbindungsvertrag mit einem eingetragenen Aktionär schliesst. Das

---

[4] So schon HANS GLATTFELDER (zit. FN 1) 243a–272a; PETER BÖCKLI, Das Aktienstimmrecht und seine Ausübung durch Stellvertreter, Basel 1961, 57–62. Beide mit zahlreichen Hinweisen auf die Literatur. Aus dem neueren Schrifttum: GUHL/KUMMER/DRUEY, Das Schweizerische Obligationenrecht, 8. A. Zürich 1995, 625; FORSTMOSER/MEIER-HAYOZ/NOBEL (zit. FN 1) § 39 N 202; ANDREAS LÄNZLINGER, Basler Kommentar, Basel 1994, N 10 zu Art. 692 OR; Groupe de réflexion «Gesellschaftsrecht», Bern 1993, 30; BGE 81 II 542; 88 II 172 ff.; 109 II 43 ff.

[5] HANS GLATTFELDER (zit. FN 1) 267a; WOLFHART BÜRGI, Zürcher Kommentar, Zürich 1957, N 32 zu Art. 692; FORSTMOSER/MEIER-HAYOZ/NOBEL (zit. FN 1) § 24 N 94 und § 39 N 206; PETER FORSTMOSER (zit. FN 1) 377 f.; BGE 81 II 540; 109 II 46; 114 II 64.

macht aber Aktionärbindungsverträge bei vinkulierten Namenaktien keineswegs schlechthin ungültig, sondern nur dann, wenn eine Umgehung der Vinkulierung daraus resultiert[6]. Es ist also durchaus möglich, und ja äusserst verbreitet, dass Aktionäre einer vinkulierten Familien-AG beispielsweise ihr Verhalten über Aktionärbindungsverträge koordinieren. Anderseits kann eine Umgehung m.E. gegeben sein, *ohne* dass eine *formelle Stimmbindung* überhaupt besteht[7]. Beim Verkauf vinkulierter Namenaktien ist die Gefahr gross, dass der Verkäufer aus eigenem Interesse sich zum Sklaven des Käufers macht, was Stimmausübung ungültig macht.

Genau besehen, handelt es sich hier nämlich nicht um die Ungültigkeit der Stimmbindung als solcher, sondern, wegen Umgehung der Vinkulierungsordnung, um Ungültigkeit der Stimmabgabe. Hier wirkt der Aktionärbindungsvertrag also, anders als es die allgemeine Regel ist, auf die gesellschaftsrechtliche Ordnung selber ein.

---

[6]   PETER FORSTMOSER (zit. FN 1) 378; BGE 109 II 46. A.M.: ROLF BÄR, ZBJV 1985 235 und ERIC HOMBURGER, SAG 1983 125, welche den vorgenannten Entscheid eben deshalb kritisierten, weil sich ihres Erachtens daraus ein generelles Verbot für Stimmrechtsvereinbarungen bei vinkulierten Namenaktien ergebe. Ein solches sei aber nur bei Schädigung der Gesellschaftsinteressen statthaft. Das Verbot ist aber nach dem zitierten BGE auf Umgehungstatbestände beschränkt.

[7]   FRITZ VON STEIGER, Legitimationsübertragung, Abstimmungsvereinbarung und Stimmenkauf im Aktienrecht, SAG 1941 14; ZR 1990 Nr. 49 91: In diesem Fall kam ein Aktionär mit anderen Anteilsinhabern überein, ihnen ihre Aktien zu einem deutlich über dem aktuellen Kursniveau liegenden Preis abzunehmen, sofern sie ihn und andere von ihm vorgeschlagene Kandidaten in den Verwaltungsrat wählen würden. Später entliess er seine Vertragspartner aus der eingegangenen Stimmbindung, hielt aber an seinem bedingten Übernahmeangebot fest. Das Handelsgericht des Kantons Zürich hiess die Anfechtungsklage der Verwaltung gleichwohl mit der Begründung gut, der Aktionär habe sich auch ohne rechtlich durchsetzbare Verpflichtung die Stimmen seiner Vertragspartner faktisch gesichert. Dazu kritisch PETER FORSTMOSER, SZW 1991 215, der einräumt, das Angebot habe zweifellos eine Verlockung für die verkaufswilligen Aktionäre geschaffen, im Sinne des Anbieters zu stimmen. Eine rechtliche Bindung sei aber nicht entstanden. Die Motive, welche den Aktionär bei seiner Willensbildung beeinflussten, seien ohne Bedeutung. Entscheidend sei einzig, dass der verkaufswillige Aktionär bei der Stimmabgabe seine *eigenen* Interessen wahre. Mit der Wahrung der eigenen Interessen bei der Stimmabgabe, wenngleich in anderem Zusammenhang (Verantwortlichkeit, Décharge), argumentiert auch HANS GLATTFELDER (FN 1) 265a. Vgl. den ähnlichen Bundesgerichtsentscheid, wiedergegeben bei ALFRED WIELAND, SAG 1948 77 ff., 81: «Es genügt, dass dem Vertragspartner finanzielle Vorteile versprochen und dieser im Vertrauen auf die Erfüllung sich zur Erteilung der Stimmvollmacht bereit erklärte».

2. Art. 27 ZGB

Ein *zweiter* Gefahrenbereich, der nun die Gültigkeit des Aktionärbindungsvertrags als solchen trifft, ergibt sich aus Art. 27 ZGB.

Dieser Artikel erklärt bekanntlich diejenigen Bindungen für ungültig, die eine Entäusserung der Freiheit «in einem das Recht oder die Sittlichkeit verletzenden Grade» darstellen. Auch gewichtige Einschränkungen der Freiheit sind erlaubt, wenn sie nach den Massstäben unserer Kultur sinnvoll sind, umgekehrt ist also die Entäusserung der Freiheit dort nicht tolerierbar, wo die Bindung und das, was man damit erkauft, kein irgendwie sinnvolles Ganzes ergeben[8].

Was die Stimmbindungen in der AG betrifft, so hat aber das Bundesgericht zu Recht den Anwendungsbereich von Art. 27 ZGB *stark limitiert*. Es hat in einem Urteil den Sinn hervorgehoben, den Aktionärbindungsverträge in der Regel haben, selbst wenn sie sich in einer konkreten Situation einmal auch als Knebelung präsentieren[9]. Das Bundesgericht hat dem Kläger, der sich mit dem Ungültigkeitsargument aus seinen Engagements herausziehen wollte, entgegengehalten, dass eben Gemeinsamkeit stark macht. Es hat ihm vorgerechnet, dass er ohne Aktionärbindungsvertrag wahrscheinlich nie Verwaltungsratspräsident geworden wäre (eine nicht sehr schmeichelhafte Argumentation) und dass er allgemein auch alle die Stabilitäts- und Einflusschancen hat, die eben das Wesen einer Koalition darstellen. Das Versprechen, die Stimme koordiniert mit andern abzugeben, ist also nicht dasselbe wie ein Versprechen, sich die Zunge abschneiden zu lassen.

---

[8]   FRITZ VON STEIGER (zit. FN 7) 15; PEDRAZZINI/OBERHOLZER, Grundriss des Personenrechts, 4. A. Bern 1993, 123–129; HANS GLATTFELDER (zit. FN 1) 251a; PETER JÄGGI, Fragen des privatrechtlichen Schutzes der Persönlichkeit, ZSR 1960 II 198a–207a; BGE 111 II 337; 114 II 162. Übermässige Unterwerfung unter einen fremden Willen in BGE 67 II 231 und 69 II 230 ff. – Die Saldierung der Gesellschaftsinteressen findet sich vor allem auch in Konzernsachverhalten, wenn die Tochtergesellschaft ihre Interessen zugunsten des Gesamtinteresses des Konzerns zurückstellen muss. Siehe dazu: JEAN NICOLAS DRUEY, Die materiellen Grundlagen der Verantwortlichkeit des Verwaltungsrates, in: Die Verantwortung des Verwaltungsrates, Zürich 1994, 46; VITO PICENONI, Rechtsformen konzernmässiger Abhängigkeit, SJZ 1955 321.

[9]   BGE 88 II 172; siehe ZR 1959 Nr. 70. Anders aber und damit der Minderheitenmeinung des Zürcher Obergerichts im eben zitierten Entscheid (ZR, a.a.O., 195–197) folgend FRITZ VON STEIGER, SAG 1954 117 unter Hinweis auf BGE 67 I 262 ff.: Knebelverträge, durch welche sich eine Gesellschaft ihrer Autonomie begibt und ihre Organe der Handlungsfreiheit beraubt, verstossen gegen die Sittlichkeit. Im zitierten BGE ist jedoch die Frage, ob sich eine juristische Person durch obligatorischen Vertrag verpflichten kann, die der Verwaltung zustehenden unübertragbaren Befugnisse nach einer bestimmten Richtung auszuüben, ausdrücklich offen gelassen worden (BGE, a.a.O., 264).

Es ist ein Deal wie ein anderer und stellt kein besonderes Art. 27-Problem dar. Das ist für weitere Überlegungen in unserem Zusammenhang wichtig (nachfolgend Ziff. I.B.3.).

3. Unterlaufen des gesetzlichen Willensbildungsmechanismus

Ein weiterer Problembereich wird um soviel unterschätzt, wie Art. 27 ZGB überschätzt wird. Jede gesetzliche, statutarische oder sonstwie begründete Ordnung geht von der Erwartung aus, dass sie alles in allem ein Optimum an *Willensbildung* für die betreffende Organisation gewährleistet. Das kann auch bei der Generalversammlung einer AG nicht anders sein, auch wenn bekanntlich die Aktionäre keine Sorgfalts- und Treuepflicht haben und also ihre eigenen Interessen bei der Stimmabgabe verfolgen können. Gerade angesichts dieser inhaltlichen Freiheit sind die *Mechanismen*, welche das Recht für die Willensbildung in der Generalversammlung vorsieht, von Bedeutung. Früher wurde deshalb hin und wieder geäussert, Aktionärbindungsverträge würden gegen die freie *Beratung* in der Generalversammlung verstossen; die Aktionäre müssten frei sein, ihre Meinung erst dort zu bilden, den Argumenten von allen Seiten also eine Chance zu geben[10].

In dieser Form trifft die Erwägung freilich nicht zu[11]. Zur Freiheit des Aktionärs gehört auch, dass er die Beratung schwänzt, nebenan ein Bier trinkt und erst zur Abstimmung kommt. Allgemein gesagt: der Aktionär bestimmt auch, was ihn als Grundlage für seine Stimmabgabe interessiert[12]. Aber er muss bestimmen können, was ihn interessiert. Der Willensbildungsmechanismus, der beispielsweise beschliesst, das Bier bringe mehr Inspiration als die Sitzung, muss als solcher zulässig sein. Er entscheidet auf seine Weise, aber er entscheidet.

---

[10] Siehe ROBERT PATRY, Les accords sur l'exercice des droits de l'actionnaire, ZSR NF 1959 71a–72a mit Hinweisen auf die vor allem französische Literatur; BGE 72 II 284.

[11] Siehe die überzeugende Argumentation bei HANS GLATTFELDER (zit. FN 1) 260a; MEIER-HAYOZ/FORSTMOSER, Schweizerisches Gesellschaftsrecht, Bern 1998, § 16 N 333.

[12] HANS GLATTFELDER (zit. FN 1) 254a–255a, insbesondere 260a f.; WOLFHART BÜRGI (zit. FN 5) N 29 zu Art. 692; ROBERT PATRY (zit. FN 10) 74a; PETER GOLDSCHMIDT, Grundfragen des neuen Aktienrechts, St. Gallen 1937, 75. Siehe insb. PETER JÄGGI, Von der Beratung an der Generalversammlung der Aktiengesellschaft, in: Privatrecht und Staat, Zürich 1976, 330 ff., 331–332. JÄGGI hält dafür, dass ein Beschluss, für den keine *Gelegenheit* der Beratung bestanden habe, gegen das Gesetz verstosse und anfechtbar sei. Abstimmungen, die auf dem Zirkulationsweg ergingen, seien deshalb ungültig (BGE 67 I 347). Eine Pflicht des Aktionärs, an der Generalversammlung teilzunehmen, lehnt aber auch JÄGGI unter Hinweis auf Art. 680 OR ab (JÄGGI, a.a.O., 339).

Problematisch unter diesem Gesichtspunkt sind Aktionärbindungsverträge dann, wenn sie nicht gestatten, auf *neue Informationslagen* zu reagieren. Zu denken ist an zweierlei:

– In der einzelnen Angelegenheit ergeben sich vielleicht neue Informationen zwischen der Vorberatung der Koalitionsgruppe und der definitiven Stimmabgabe in der Gesellschaft. Hier sollte ein Anspruch des einzelnen Beteiligten bestehen, eine Wiedererwägung, soweit möglich sogar durch Unterbrechung der Versammlung selber, innerhalb des kleinen Kreises herbeiführen zu können.

– Problematisch sind auch langfristige Vereinbarungen, nicht so sehr wegen der Langfristigkeit selber, sondern weil, und insofern, sich daraus eine Inflexibilität im Reagieren auf neue Momente ergibt. Die Beteiligungsverhältnisse können sich geändert haben, die Branchensituation kann anders sein, usw.

Dazu Weiteres unter I.B.2.a) und II.C.

B. Beschlüsse des Verwaltungsrats

1. Gleiche Gesichtspunkte wie für die Generalversammlung

Wenn wir nun auf die Ebene des Verwaltungsrats treten, so besteht die Tendenz, dies als grossen Szenenwechsel darzustellen. Der Grund scheint klar: der Aktionär hat keine Treuepflicht, er kann mit seiner Stimme grundsätzlich machen, was er will. Der Verwaltungsrat ist dagegen auf die *Wahrung der Interessen der Gesellschaft verpflichtet*, und zwar exklusiv, unter Hintanstellung sämtlicher anderer Gesichtspunkte. Das ist natürlich richtig, aber es kann nicht das Ende der Aussage sein. Die Intentionen, welche mit Aktionärbindungsverträgen verfolgt werden, machen in aller Regel vor dem Sitzungszimmer des Verwaltungsrats nicht halt (Liefer-/Abnahmeverpflichtungen und -bedingungen, Berücksichtigung von Familiengliedern im Geschäft, Finanzierungspolitik, Absicht des going public, usw.). Darum heisst es in der Lehre, dass sich ein Verwaltungsrat trotz dem grundsätzlichen Verbot soweit binden kann, als er sein *freies Ermessen* ausübt[13]. Diese Begründung geht in die richtige Richtung, aber sie reicht natürlich nicht aus.

---

[13] PETER BÖCKLI, Aktionärbindungsverträge, Vinkulierung und statutarische Vorkaufsrechte, in: ZBJV 129 (1993) 486; DERS., Die unentziehbaren Kernkompetenzen des Verwaltungsrates, Zürich 1994, 42/43. In beiden Aufsätzen schliesst BÖCKLI eine weitergehende Bindung des Verwaltungsrates unter Hinweis auf Art. 716a OR aus. In diesem Sinne

Denn gewählt sind die Verwaltungsrats-Mitglieder ad personam; sitzt Herr X im Verwaltungsrat, so soll er *sein* Ermessen ausüben, nicht dasjenige des Drahtziehers Y im Hintergrund.

Betrachten wir die Sache etwas genauer, so können wir aber ohne Bedenken sagen: die Stimmbindung ist auch auf der Ebene des Verwaltungsrats *grundsätzlich gültig*. Denn es besteht kein Grund, dass wir nicht dieselben Gesichtspunkte anwenden wie auf die Stimmausübung in der Generalversammlung.

Man kann in einem Aktionärbindungsvertrag nicht eine Politik auf der Aktionärsebene und eine andere auf derjenigen des Verwaltungsrats verfolgen. Ganz gleichgültig, ob die verbundenen Aktionäre auch alle im Verwaltungsrat sitzen, oder einzelne von ihnen, oder Dritte, welche sie dort vertreten, so können doch die Ideen, die den Aktionärbindungsvertrag tragen, nicht vom Sitzungsthema des Verwaltungsrats ausgeschlossen sein. Jeder Aktionärbindungsvertrag enthält eine *Politik*, selbst wenn er sie inhaltlich gar nicht festhält, und jede Politik reicht in den Verwaltungsrat. Soll ein Aktionär für Lieferungen berücksichtigt werden, sollen Qualitätsmassstäbe eingehalten, Konkurrenzverbote respektiert werden, usw., so sind das ohne weiteres Angelegenheiten der Geschäftsleitung, und damit primär des Verwaltungsrats. Dies angesichts der Delegationsverbote (Art. 716a OR) noch viel eindeutiger im neuen Aktienrecht.

Warum sollen nun solche Abmachungen gültig sein, wenn sie die Stimmabgabe auf der Ebene der Generalversammlung betreffen, nicht aber im Verwaltungsrat? Die Begründung mit der Sorgfalts- und Treuepflicht *scheint* bloss evident. Folgendes ist zu überlegen.

auch das obiter dictum in ZR 1959 Nr. 70 191. Einen Verstoss gegen die gesetzliche Kompetenzverteilung des Art. 716a OR verneint: HANSJÜRG APPENZELLER (zit. FN 1) 39 und 49–50, mit der Begründung der Zulässigkeit fiduziarischer Verwaltungsräte. Ebenso FORSTMOSER/MEIER-HAYOZ/NOBEL (zit. FN 1) § 31 N 38–40 und § 28 N 177. Schranke der vertraglichen Bindung ist nach der Auffassung dieser Autoren das Gesellschaftsinteresse. So auch PETER FORSTMOSER, Die aktienrechtliche Verantwortlichkeit, Zürich 1987, N 698 und EMIL SCHUCANY, SAG 1954 112. GEORG GAUTSCHI, Fiduziarische Rechtsverhältnisse besonderer Art, SJZ 1949 303, spricht in diesem Zusammenhang vom «doppelten Pflichtennexus», dem der Verwaltungsrat zu folgen habe. Im Konfliktfall gehe aber das Gesellschaftsinteresse vor. So auch VITO PICENONI (zit. FN 8) 328. Gibt es überhaupt den Nicht-Konfliktfall? Das Optimum für die Gesellschaft, auf das der Verwaltungsrat verpflichtet ist, lässt grundsätzlich für andere Gesichtspunkte keinen Raum. Doch: «Es gibt viele Wege nach Rom», d.h. viele Meinungen in guten Treuen darüber, was für die Gesellschaft das Beste sei. – Der Stimmbindung im Verwaltungsrat ablehnend gegenüber steht FRITZ VON STEIGER, Zur Frage der rechtlichen Stellung des abhängigen Verwaltungsrates, SAG 1954 40. Siehe auch die Minderheitenmeinung des Zürcher Obergerichts in ZR 1959 197–198.

Konsultieren wir den, der auch auf der Ebene Generalversammlung wohl unter den Autoren der grösste Zweifler an der Legitimität der Stimmbindung ist, Robert Patry: dass er doch zur rechtlichen Bejahung der Stimmbindung gelangt, begründet er[14], wie ja auch das Bundesgericht[15], mit der *Koalitionsfähigkeit*, die immer ein Element des Stimmrechts sein muss. In moderner ökonomischer Sprache: das Stimmrecht ist ein property right, das je nachdem sein Optimum entfaltet, indem man es verkauft. Die Blockbildung des Familienpools ist das beste Beispiel eines solchen «Verkaufs» des Stimmrechts, gerade um das Stimmrecht zu stärken. Koalitionen, Stimmrechtshandel, gehören zum Stimmen schlechthin; man denke auf der politischen Ebene an die Zusagen, welche die Durchsetzung politischer Vorlagen nach links und rechts benötigen. Die Feststellung, meine ich, gilt also allgemein, und somit auch im Verwaltungsrat wie in der Generalversammlung: *Stimmbindung ist Teil des Stimmrechts*.

Die Koalitionsfreiheit ist somit ein völlig genereller Gedanke, der mit den Besonderheiten des jeweiligen Beschlusskörpers nichts zu tun hat. Koalitionen sind Instrumente bei der Verfolgung einer *Politik*, und Koalitionsfreiheit muss es darum dort geben, wo Politiken verfolgt werden können, ja sollen. Es gibt sie darum nicht etwa bei Gerichtsentscheiden; hier zählt ausschliesslich die Richtigkeit des einzelnen Entscheids. Politiken zu verfolgen gibt es überall dort, wo mindestens ebenso wichtig wie der einzelne Entscheid die Bandbreite ist, in welcher sich eine Serie von Entscheiden bewegen muss.

Koalitionsfreiheit ergibt sich darum, genau gesehen, nicht unmittelbar aus der Ermessensfreiheit[16]. Auch der Richter hat Ermessen, darum aber noch keine Koalitionsfreiheit. Ermessen ist zunächst sogar ein Gegenargument gegen die Koalitionsfreiheit, weil es eben die Person des mit der Entscheidung Betrauten in den Vordergrund stellt; *sein* Ermessen ist gefragt. Aber zu diesem Ermessen gehört eben auch jener Grundentscheid zwischen Flexibilität und Stabilität, in dessen Dienst die Aktionärbindungsverträge stehen. Die *Sachadäquanz* des einzelnen Entscheids ist gegen die *Nachhaltigkeit* einer vom Unternehmen zu verfolgenden Richtung abzuwägen.

---

[14] ROBERT PATRY (zit. FN 10) 62a–79a, insbes. 77a–78a. Das Gegenargument, dass der Aktionär sich nicht binden dürfe, weil er an der Generalversammlung sein Stimmrecht frei ausüben müsse, lässt Patry deshalb nicht gelten, weil der Aktionär gerade gegenüber der Gesellschaft ja frei bleibe (PATRY, a.a.O., 75a).

[15] BGE 88 II 172; 81 II 542. Oben I.A.2.

[16] Stimmbindung im Rahmen der Ermessensfreiheit insbesondere bei PETER BÖCKLI (zit. FN 13) 486 und DERS. (zit. FN 13 «Kernkompetenzen») 42–43.

Ich halte darum Stimmbindungen auch im Verwaltungsratsbereich grundsätzlich für *gültig*. Es besteht kein «qualitativer Sprung» von der Generalversammlungs- zur Verwaltungsrats-Ebene. Gerade auch das häufige Motiv der Harmonisierung von Generalversammlungs- und Verwaltungsrats-Ebene muss doch ohne weiteres legitim sein. Das ist gerade jetzt hervorzuheben, wo das Aktienrecht seit 1992 in einem seiner markantesten (und verdienstlichsten) Artikel das «Zwangs-Monopol» des Verwaltungsrats für die oberste Leitung der ganzen Geschäftstätigkeit statuiert und die Generalversammlung davon ausschliesst (Art. 716a OR). Gerade dieses Gewicht des Verwaltungsrats macht das Bedürfnis nach Einbezug in den Aktionärbindungsvertrag deutlich. Art 716a OR ist Ausdruck der Gleichstufigkeit von Generalversammlung und Verwaltungsrat (Paritätstheorie)[17]. Der Verwaltungsrat ist demgemäss nicht Ausführungsorgan, sondern bestimmt autonom die «Geschäftsführung» (Art. 716 Abs. 2 OR); er darf und muss dabei auch «Politiken» verfolgen.

2. Schranken

a) Gleiche Gesichtspunkte wie für die Generalversammlung, aber mehr Flexibilität erforderlich

Auch bezüglich der Schranken der Stimmbindung brauchen wir also keinen tiefen juristischen Graben zwischen Generalversammlung und Verwaltungsrat aufzureissen. Es gelten dieselben Gesichtspunkte (oben I.A.2.); sie wirken sich allerdings stärker aus.

Der Unterschied besteht vor allem darin, dass der Verwaltungsrat zu einem guten Teil ein *reagierendes* Organ ist, d.h. dass er auf die Gegebenheiten in der Umwelt des Unternehmens antworten muss. Es gibt namentlich zwei Kontraindikationen: einerseits die *inhaltliche* Bindung und anderseits die längere *Dauer* der Bindungswirkung.

– Inhaltliche Bindung: Die Pflicht, für die Einstellung einer bestimmten Person mit bestimmtem Salär zu stimmen, ist beispielsweise problematischer als die einfache Vereinbarung, sich bei der Besetzung des betreffenden Postens abzustimmen. Im zweiten Fall hat die dannzumal sachadäquate Lösung, wenn sie von der inhaltlichen Vorgabe abweichen sollte, immerhin eine Einfluss-Chance.

---

[17] GUHL/KUMMER/DRUEY (zit. FN 4) 686; FORSTMOSER/MEIER-HAYOZ/NOBEL (zit. FN 1) § 20 N 10–14.

- Längere Dauer: Je entfernter die zu beschliessenden Sachverhalte, desto wichtiger ist natürlich die Möglichkeit, auf neue Gegebenheiten reagieren zu können.

Solche Erwägungen müssen namentlich die *Interpretation* eines Stimmbindungsvertrags beeinflussen, indem in dubio die flexiblere Auslegungsvariante den Vorzug hat. Beispielsweise eine Verabredung, für den Bezug eines Rohstoffs bei einem Vertragspartner zu sorgen, wird tendenzweise unter der Voraussetzung zu verstehen sein, dass marktgerechte Bedingungen angeboten werden.

b) Verletzung der Gesellschaftsinteressen (Verantwortlichkeit)

Natürlich gibt es für den Verwaltungsrat noch eine zusätzliche Schranke der Stimmbindung. Eine Verpflichtung zu einem *rechtswidrigen* Tun gibt es nicht. Da der Verwaltungsrat in seinem Verhalten in Gesellschaftsangelegenheiten ausschliesslich auf deren Interessen verpflichtet ist, kann er somit nicht an eine Instruktion gebunden sein, die Gesellschaftsinteressen verletzt[18]. Doch hier kommt ihm der Ermessensspielraum zugute, der einem Verwaltungsrat grosszügig eingeräumt werden muss. Wenn etwa aufgrund eines Familien-Aktionärbindungsvertrags ein Neffe in die Geschäftsleitung gewählt werden soll, den sein Onkel im Verwaltungsrat für einen Nichtsnutz hält, so wird die Ermessensfreiheit just zur Bindung, von der der Onkel nur schwer ausscheren kann. Denn auf ihm liegt die Beweislast, dass die Wahl des Neffen eine eigentliche Ermessensüberschreitung wäre, dass also klar bessere Alternativen bestünden. Solche Beweise sind bekanntlich nicht leicht, innerhalb der Familie erst recht nicht.

Sollte tatsächlich eine rechtswidrige Stimmabgabe erfolgt sein, so schützt der Aktionärbindungsvertrag selbstverständlich den Verwaltungsrat nicht vor der gesellschaftsrechtlichen Verantwortlichkeit[19]. Die Frage ist aber, wie der Schaden *innerhalb* des Kreises der Aktionärbindungsvertrags-Mitglieder zu *verteilen* ist. Dies ist abhängig von der juristischen Qualifikation dieser Verträge. Handelt es sich um den Typ Auftrag, so hat der nach

---

[18] FORSTMOSER/MEIER-HAYOZ/NOBEL (zit. FN 1) § 31 N 38, entbinden in einem solchen Fall den das Gesellschaftsinteresse wahrenden Verwaltungsrat von der Schadenersatzpflicht aus Verletzung des Aktionärbindungsvertrages. So auch GEORG GAUTSCHI (zit. FN 13) 303.

[19] So schon PETER FORSTMOSER(zit. FN 13) N 697 f.; FORSTMOSER/MEIER-HAYOZ/NOBEL (zit. FN 1) § 31 N 38. Der ABV kann Dritten nicht entgegengehalten werden: BGE 59 II 453.

Instruktion agierende Verwaltungsrat den Anspruch auf Schadloshaltung nach Art. 401 OR. Handelt es sich dagegen um den Typ einfache Gesellschaft, so gelten die Regeln der internen Verlusttragung (Art. 533 OR). Sind nicht alle Vertrags-Beteiligten im Verwaltungsrat, so besteht also seitens der extern behafteten ABV-Vertreter im Verwaltungsrat ein teilweises Regressrecht. Keinesfalls können aber Vertrags-Mitglieder bei instruktionsgemässem Verhalten ihrer Vertreter ihrerseits Verantwortlichkeitsansprüche geltend machen[20]. – Zu den Typen unten II.

3. Aktionärsinteressen als Gesichtspunkt für Verwaltungsrats-Handeln

Dass die Intentionen von Aktionärbindungsverträgen oft in den Bereich des Verwaltungsrats hinüberwirken, liegt vor allem daran, dass den Aktionären ein Vorteil eingeräumt werden soll, welchen nur der Verwaltungsrat gewähren kann: Liefer-, Bezugs- oder Informationsrechte, Ansprüche auf Zuweisung von Kaderfunktionen, Marktaufteilungen usw. Solche Abmachungen haben nur dann Aussicht auf Rechtmässigkeit, wenn es zu den Pflichten des Verwaltungsrats gehören kann, auf Interessen spezifischer Aktionäre Rücksicht zu nehmen. Das ist zum einen eine Grundsatzfrage, zum andern das Problem der Gleichbehandlung.

Die *Grundsatzfrage* lässt sich in der Schweiz nicht so leicht beantworten wie etwa in den USA, wo vielfach der Board als Trustee der Aktionäre gesehen und etwa bei Takeovers verpflichtet wird, für die Wahrung der Verkaufschancen der Aktionäre zu sorgen[21]. Gerade bezüglich Takeovers lautet die Tendenz in der Schweiz eher auf das «Hände weg!» für den Verwaltungsrat, in dem Sinn, dass der Verwaltungsrat nur für Information sorgt[22], im übrigen aber vom Geschehen, weil Aktionärssache, abseits steht[23].

---

[20] Dies wäre ein «venire contra factum proprium» im Sinne von Art. 2 ZGB; SAG 1950/51 184–186.

[21] BRIGITTE LAMMERS, Verhaltenspflichten von Verwaltungsorganen in Übernahmeauseinandersetzungen, Frankfurt a.M. 1994, 33–103, mit Wiedergabe der «leading cases» der Bundesstaaten Delaware und New York; DONALD C. LANGEVOORT, The Role of the Board, in: KLAUS HOPT/EDDY WYMEERSCH (Hrsg.), European Takeovers, London usw. 1992, 257.

[22] Börsengesetz (BEHG) Art. 29 Abs. 1.

[23] Art. 29 Abs. 2 BEHG. Weiter gefasst war Art. 6.1 des Übernahmekodex 1991; siehe dazu SZW 1995 190 ff.: Fall «Holvis» mit kritischen Anmerkungen von CHRISTIAN MEIER-SCHATZ. Zu den Kompetenzen des Verwaltungsrates in Notsituationen siehe den noch unter altem Aktienrecht und vor Erlass des Börsengesetzes ergangenen BGE 116 II 320.

Das besagt indessen nichts dagegen, dass der Verwaltungsrat dort eine Handlungszuständigkeit hat, wo die Zusammensetzung des Aktionariats das Gesellschaftsinteresse berührt[24].

Ganz allgemein ist die Zusammensetzung und die Politik des Aktionariats, und damit auch das Bestehen von Aktionärbindungsverträgen, nicht irrelevant für die Verhaltensweise des Verwaltungsrats. Das ist in der Praxis eine Selbstverständlichkeit – das Funktionieren einer Konzern-Tochtergesellschaft genügt als Illustration. Rechtlich könnte aber das erwähnte Prinzip der Parität von Generalversammlung und Verwaltungsrat, das sich vor allem in den unübertragbaren Verwaltungsratskompetenzen nach Art. 716a OR ausdrückt[25], im gegenteiligen Sinn verstanden werden. Denn diese Konzeption will Geschäftsführungsangelegenheiten vom Verwaltungsrat in einziger Verantwortlichkeit des Verwaltungsrats behandelt sehen; Beschlüsse der Generalversammlung sind in diesem Bereich für ihn nicht verbindlich[26]. Aber eine andere Frage ist die Koordination der Politiken auf den beiden Ebenen, und dies will heissen, dass der Verwaltungsrat seine Strategie keinesfalls ohne Rücksichtnahme auf die Gegebenheiten im Aktionariat bestimmen darf. Es hat keinen Sinn, auf aggressive Expansion zu gehen, wenn die beherrschenden Aktionäre stockkonservativ sind. Je mehr diese Einstellungen ins Grundsätzliche, eben ins «Politische» gehen und damit nicht eine Frage der sachadäquaten Optimierung, sondern des Stils sind, desto

---

[24] Sicherung der Selbständigkeit als Legitimation der Ablehnung von Aktionären in Art. 685b Abs. 2 OR. Zum Interesse des Verwaltungsrates, die Aktionäre zu kennen, siehe ALAIN HIRSCH, L'anonymat de l'actionnaire dans la S.A., in: FS Hug, Bern 1968, 313. Allgemein zu den Aufgaben des Verwaltungsrats in einer Übernahmesituation: RUDOLF TSCHÄNI, Unternehmensübernahmen nach Schweizer Recht, 2. A. Basel und Frankfurt a.M. 1991, 229 und 245; JEAN NICOLAS DRUEY, Die Übernahmeaktion und ihre Abwehr nach schweizerischem Aktienrecht, in: Erwerb von Beteiligungen am Beispiel der öffentlichen Übernahmeangebote (Kolloquium), Lausanne 1990, 157 ff.; ROLF WATTER, Unternehmensübernahmen, Zürich 1990, 340–347; ANDRÉ KUY, Der Verwaltungsrat im Übernahmekampf, Zürich 1989; PETER BÖCKLI, Schweizerisches Aktienrecht, 2. A. Basel 1995, N 1661–1675.

[25] PETER FORSTMOSER, Eingriffe der Generalversammlung in den Kompetenzbereich des Verwaltungsrates – Möglichkeiten und Grenzen, SZW 1994 170; PETER BÖCKLI (zit. FN 13 «Kernkompetenzen») 36–43; CHRISTIAN MEIER-SCHATZ, Die Entscheidung durch die Generalversammlung von Fragen aus dem Kompetenzbereich des Verwaltungsrates, in: FS Bär, Aktienrecht 1992–1997, Versuch einer Bilanz, Bern 1998, 263–274.

[26] CHRISTIAN MEIER-SCHATZ (zit. FN 25) 265; GUHL/KUMMER/DRUEY (zit. FN 4) 688; PETER BÖCKLI (zit. FN 24) N 1578e und in bezug auf die «Verwaltungsrat-Bindungsverträge» N 1578t; PETER FORSTMOSER (zit. FN 25) 170.

eher ist der Verwaltungsrat zur Anpassung nicht nur befugt, sondern ver-pflichtet[27]. Wenn schon, wie gesehen, die Sicherung der Unabhängigkeit ein legitimes Ziel für den Verwaltungsrat sein kann, so ist es erst recht die Sorge um die Stabilität, welche durch den Einklang mit den wichtigen Aktionären gewährleistet sein muss.

Darum kann auch eine *Ungleichbehandlung* von Aktionären durch das Gesellschaftsinteresse legitimiert sein[28]. Auch Stimmbindungen im Interesse eines Aktionärs können deshalb, ebenso wie Verträge der Gesellschaft mit dem betreffenden Aktionär, so gerechtfertigt sein.

C. Isolierte oder «weiterfressende» Ungültigkeit?

Wenn man im Licht solcher Überlegungen die Praxis zu den Aktionärbindungsverträgen ansieht, so ist festzustellen, dass die Verträge *selten insgesamt als ungültig* zu bezeichnen sind. Aber umso öfter bewegen sich solche Vereinbarungen teilweise am Rand oder jenseits des Rands, wo Stimmbindung möglich ist. Häufig sind freilich die Regelungen sehr allgemein. Dann sind es allenfalls blosse Absichtserklärungen und wir brauchen über die Gültigkeit gar nicht zu diskutieren (z.B.: «Die Partner führen das Unternehmen in der bisherigen Art weiter»). Sind sie jedoch rechtsverbindlich formuliert (z.B. «Das Unternehmen wird ausschliesslich selbstfinanziert»), so sind sie zu starr. Das ist nicht nur betriebswirtschaftlich ungeschickt, sondern stellt, wie dargelegt (I.A.2., I.B.2.a), auch rechtlich das wichtigste Gültigkeitsproblem dar.

Damit wird zu einer Kernfrage des Rechts der Aktionärbindungsverträge diejenige der *Redimensionierung* eines teilnichtigen Vertrags.

---

[27] Auf dieser Linie Alain Hirsch, Les limites des compétences de l'assemblée générale, in: Rechtsfragen um die Generalversammlung, Zürich 1997, 12.

[28] Peter Forstmoser, Informations- und Meinungsäusserungsrechte des Aktionärs, in: Rechtsfragen um die Generalversammlung, Zürich 1997, 107 f.; Karl Hofstetter, Die Gleichbehandlung der Aktionäre in börsenkotierten Gesellschaften, SZW 1996, 222–230; Claire Huguenin Jakobs, Das Gleichbehandlungsprinzip im Aktienrecht, Zürich 1994, 210; Peter Böckli (zit. FN 24) N 1651.

1. Einzelne Stimmrechtsausübung oder Stimmbindung als solche?

Die Ungültigkeit kann auf zwei verschiedenen Ebenen eintreten: einerseits kann sie das einzelne Beschlusstraktandum betreffen, anderseits aber den Rahmenvertrag als solchen, also die Stimmbindung im allgemeinen. In dem Beispiel: wenn das Überleben des Unternehmens in ertragsschwachen Zeiten nur durch Aufnahme von Fremdkapital gewährleistet werden kann, so lässt sich sagen, dass in dieser besondern Situation die an sich gültige Stimmbindung nicht anwendbar ist. Ein anderes Beispiel im gleichen Sinn: Wenn an der Vorbesprechung der Aktionärbindungsvertrags-Partner beschlossen wurde, Herrn X zu wählen, und danach wird aber vor dem Generalversammlungs- oder Verwaltungsrats-Beschluss bekannt, dass auch Herr Y zur Verfügung stünde, so kann man sich mit gutem Grund auf den Standpunkt stellen, die Stimmbindung stehe unter der impliziten Voraussetzung, dass keine wesentlichen neuen Tatsachen auftreten. Wenn aber der Aktionärbindungsvertrag vorsieht, dass die Partner sämtliche Geschäfte vorbesprechen und nur bei Einstimmigkeit unter ihnen auf der Gesellschaftsebene zustimmen, so ist die Blockierung so allgemein und unspezifisch, dass die Klausel als solche ungültig ist.

Unser Recht geht vom Prinzip der Teilungültigkeit aus[29]. Der Schaden soll also möglichst begrenzt und mithin möglichst nur Stimmbindung für das *einzelne Geschäft* ungültig sein. Auf der andern Seite steht aber die Frage, ob das ungültige Element eines Vertrags nicht ein *wesentlicher Teil* des Ganzen war, so dass die isolierte Teilungültigkeit nicht der Meinung der Parteien entspräche. Ungültigkeit hat in diesem Sinn eine – wie ich sagen möchte – weiterfressende Wirkung. Schlecht redigierte einzelne Bestimmungen können damit eine Gefahr für den Bestand des ganzen Vertrags bedeuten.

An eine zweite Möglichkeit ist zu denken. Auch wenn sich die Nichtigkeit nicht auf den ganzen Vertrag ausdehnt, kann es sein, dass die Ungültigkeit von Stimmbindungen einen *wichtigen Grund* für die vorzeitige Kündigung abgeben kann, vor allem wenn die Gegenpartei sich öfters und in substanziellen Angelegenheiten in Einzelbereichen auf die Ungültigkeit beruft.

So oder anders hat jede Vertragspartei aus Treu und Glauben eine Pflicht, für das *rechtmässige Funktionieren* des Vertrags bestmöglich zu

---

[29] Art. 20 Abs. 2 OR. HERMANN BECKER, Berner Kommentar, Bern 1941, N 15 zu Art. 20; GAUCH/SCHLUEP, Schweizerisches Obligationenrecht, 6. A. Zürich 1995, N 693.

sorgen. Das bedeutet vor allem, dass er bei Schwierigkeiten mit seinen Partnern Kontakt aufnimmt. Tauchen beispielsweise nach der internen Abstimmung neue, ihm wesentlich erscheinende Tatsachen auf, so soll er für ein neues internes Treffen sorgen. Allgemein soll er seine Absicht, nicht konform zu stimmen, frühzeitig und begründet bekanntgeben.

2. Einzelner Teil oder ganzer Aktionärbindungsvertrag?

Die gleiche Frage bezüglich isolierter Betrachtung oder weiterfressendem Mangel stellt sich im Verhältnis der Stimmbindungsklauseln zum ganzen Aktionärbindungsvertrag.

II. Typologie

Stimmbindungen bilden, wie Aktionärbindungsverträge im allgemeinen, verschiedene Kategorien. Der Zweck und die rechtliche Zulässigkeit, aber auch die Qualifikation der Vertragsart im System des besondern Teils des Obligationenrechts hängen davon ab. Entsprechend stellen sich an die Redaktion und die Interpretation verschiedenartige Anforderungen.

Ein wichtiger Ordnungsgesichtspunkt für dieses vielfältige Phänomen ist die Quote der am Bindungsvertrag beteiligten Aktionäre:

– Beteiligung sämtlicher Aktionäre: die Doppelgesellschaft
– Beteiligung mehrerer Aktionäre: der Block
– Beteiligung eines Aktionärs: die Steuerung.

Ist die *Gesamtheit der Aktionäre* dabei, so ist die Funktion eine völlig andere als wenn es *nur einer* ist, der mit einem Aussenstehenden paktiert. Und eine mittlere Gruppe, wo ein *selektiver Kreis* von Aktionären sich verbindet, die Paketbildung, hat wieder sehr andere Funktionen und ein anderes juristisches Gesicht. Die ersten beiden Typen sind praktisch immer als *einfache Gesellschaft* zu qualifizieren, weil die einzelnen Teilnehmer symmetrisch zueinander stehen, d.h. sich aus einem je gleichartigen Interesse binden[30]. Der dafür geläufige Ausdruck «Pool» bringt ebenfalls den Ge-

---

[30] Hans Glattfelder (zit. FN 1) 231a–232a; Wolfhart Bürgi (zit. FN 5) N 35–39 zu Art. 692; Peter Forstmoser (zit. FN 1) 367; a.M. Claude Reymond, Le contrat de «Joint Venture», in: FS Schluep, 386–388. Reymond führt unter anderem an, dass dem «Joint

meinschaftscharakter zum Ausdruck[31]. Beim dritten Typ, der Bindung einzelner Aktionäre, liegt typischerweise keine einfache Gesellschaft vor, sondern öfter eine *Treuhand* oder ein *Veräusserungsvertrag*[32]. Diese letzte Kategorie ist zugleich hinsichtlich der Gültigkeit verhältnismässig die problematischste, weil der Gedanke des Bundes, der letztlich jedem zugute kommt, hier nicht spielt, sondern schlicht eine Unterwerfung einer Person unter eine andere stattfindet.

A. Beteiligung aller Aktionäre

Der *erste* Typ (alle Aktionäre machen auch am Aktionärbindungsvertrag mit) ist die Erscheinung, welcher Eduard Nägeli, ein feiner Beobachter der Rechtswirklichkeit, unter dem Titel *«Doppelgesellschaft»* ein zweibändiges Werk gewidmet hat[33]. Zweck der einfachen Gesellschaft ist die Ergänzung des Leistungsprogramms, das die AG zu erfüllen hat. Gerne spricht man von der «Personalisierung» der AG, die dadurch verwirklicht wird, dass den Beteiligten Rechte und namentlich Pflichten auferlegt werden, die nicht Gegenstand der AG-Statuten sein können. Dieses Bedürfnis nach Regelung auf vertraglicher Ebene hat natürlich sein Motiv in Art. 680 OR, der die gesellschaftsrechtlichen Pflichten des Aktionärs zwingend auf die Liberierung beschränkt[34]. Dabei ist des einen Pflicht des andern Recht. Aber auch wenn nur Rechte eingeräumt werden sollen, ist die Regelung in den Statuten wegen deren allgemeiner Zugänglichkeit (Art. 640 Abs. 3 Ziff. 1 OR, 930), den Bestimmungen über Gründervorteile (Art 628 Abs. 3 OR)

Venture» der animus societatis fehle, da die Gewinne häufig bei den Partnergesellschaften anfielen und nicht in der gemeinschaftlichen Unternehmung. «L'animus societatis traditionellement caractéristique du phénomène sociétaire s'efface ainsi au profit d'un phénomène contractuel» (REYMOND, a.a.O., 388).

[31] GUHL/KUMMER/DRUEY (zit. FN 4) 671. Der Begriff «Poolvertrag» wird in der Lehre seiner Vieldeutigkeit wegen gemieden, siehe FORSTMOSER/MEIER-HAYOZ/NOBEL (zit. FN 1) § 39 N 155; PETER BÖCKLI (zit. FN 4) 67; HANS GLATTFELDER (zit. FN 1) 175a–176a.

[32] HANS GLATTFELDER (zit. FN 1) 233a–236a: Vertrag sui generis, 268a FN 37 zur Treuhand; offen FORSTMOSER/MEIER-HAYOZ/NOBEL (zit. FN 1) § 39 N 162–166.

[33] EDUARD NÄGELI, Die Doppelgesellschaft als rechtliche Organisationsform der Kartelle, Konzerne und anderen Unternehmerzusammenschlüsse nach deutschem und schweizerischem Recht, Bd. I Zürich 1935, Bd. II Zürich 1941.

[34] FORSTMOSER/MEIER-HAYOZ/NOBEL (zit. FN 1) § 39 N 140–155; GUHL/KUMMER/ DRUEY (zit. FN 4) 653; WOLFHART BÜRGI (zit. FN 5) N 1 ff. zu Art. 680; PETER FORSTMOSER (zit. FN 1) 362.

und namentlich der Wohlerworbenheit und schweren Abänderbarkeit der Rechte meist nicht angezeigt.

Dieser Typ ist auch derjenige des *Joint venture*, wo zwar meist nur zwei Aktionäre, aber tendenzweise ebenfalls die Gesamtheit des Kapitals eingebunden sind[35].

Diese Verträge weisen juristisch etwa folgende Züge auf:

– Als umfassende Sonderordnung tritt die Vertragsregelung allenfalls in Konflikt mit der aktienrechtlichen. Die vertragsrechtliche geht dann inter partes vor, gegenüber Dritten gilt dagegen Aktienrecht[36].

– Die Beteiligungen an den beiden Gesellschaften, der AG und der einfachen Gesellschaft (eG), sind in der Sicht der Partner meist eng miteinander verbunden. Auflösung des einen Gebildes muss, wenn nicht irgendwie ein Auskauf stattfinden kann, billigerweise auch diejenige des andern mit sich bringen. Solche Doppelgesellschaften sind m.E. geradezu das Hauptbeispiel, wo eine AG nach Art. 736 Ziff. 4 OR aus wichtigem Grund aufgelöst werden kann. Im Togal-Entscheid hat ja das Bundesgericht anerkannt, dass auch Gründe in der Person der Beteiligten Auflösungsgründe sein können[37].

---

[35] Vgl. Christian Meier-Schatz (Hrsg.), Kooperations- und Joint-Venture-Verträge, Bern usw. 1994; Hans Glattfelder (zit. FN 1) 192a–193a.

[36] Peter Forstmoser, Die Vinkulierung: ein Mittel zur Sicherstellung der Unterwerfung unter Aktionärbindungsverträge?, in: FS Bär, Aktienrecht 1992–1997, Versuch einer Bilanz, Bern 1998, 91–92; Hans Glattfelder (zit. FN 1) 299a–301a und 239–240; Peter Forstmoser (zit. FN 1) 368. Siehe auch Alfred Siegwart, Zürcher Kommentar, Zürich 1938, N 62 vor Art. 530–551.

[37] BGE 105 II 127; zustimmend Peter Forstmoser (zit. FN 1) 368 FN 65. Weiter geht Peter Jäggi, ZSR 1959 II 735a, der dafürhält, dass der Richter mit der Auflösung der einfachen Gesellschaft auch die Aktiengesellschaft auflösen müsse. Gegenteiliger Ansicht ist Peter Zihlmann, Gemeinschaftsunternehmen (Joint Business Ventures) in der Form von Doppelgesellschaften, SJZ 1972 323: Die Beendigung des Konsortialvertrages tangiere die AG nicht in ihrer Existenz. Die einstigen Partner stünden sich nun lediglich als blosse Aktionäre gegenüber. Walter R. Schluep, Privatrechtliche Probleme der Unternehmenskonzentration und -kooperation, Basel 1973, 340, führt die unterschiedlichen Beendigungsgründe für die Mitgliedschaft der Gesellschafter, die völlig verschiedene Beständigkeit der Gesellschaften bei Veränderungen in den persönlichen Verhältnissen der Gesellschafter sowie den Zwang zur Koexistenz in der Geschäftsführung zwischen der Verwaltung der AG und der einfachen Gesellschaft als gewichtige Nachteile der Doppelgesellschaft an.

– AG und eG sind indessen, nicht nur formell, sondern auch in ihrer Zwecksetzung, keineswegs identisch. Inhalt der eG bleibt die Koordination des Aktionärverhaltens, nicht die Führung des Betriebs der gemeinsamen AG[38]. Das ist vor allem bezüglich der Haftung von ausschlaggebender Bedeutung: aus dem Betrieb der AG entsteht kein Durchgriff auf die Mitglieder, erst recht keine Solidarhaftung nach eG-Recht. Anders kann es aber sein, wenn die eG eigene Personen für die Leitung der AG einsetzt; das kann eine Verantwortlichkeit der eG[39] und der für sie an der Willensbildung in der AG beteiligten Personen als faktisches Organ führen[40].

– Anderseits bleiben die Verpflichtungen, welche die Partner im Vertrag übernommen haben (beispielsweise auf Zurverfügungstellung von Kapital oder Know-How usw.) auch dann Verpflichtungen aus dem eG-Verhältnis, wenn sie Gegenstand von Verträgen zwischen den einzelnen Partnern und der AG geworden sind, mit der Möglichkeit der Kündigung der eG bei schwerwiegender, namentlich wiederholter Nicht- oder Schlechterfüllung[41].

---

[38] WALTER R. SCHLUEP (zit. FN 37) 488: Dem Gemeinschaftsunternehmen falle nicht einfach die Rolle des ausführenden Organs zu, sondern allfällige organisatorische Abreden der Partner stünden als blosse Hilfsveranstaltungen im Dienste der zweckmässigen Oganisation der Gemeinschaftskorporation.

[39] Faktische Organe können auch Gesellschaften sein (ALEXANDER VOGEL, Die Haftung der Muttergesellschaft als materielles, faktisches oder kundgegebenes Organ der Tochtergesellschaft, Bern 1997, 301 und 411).

[40] Für EDUARD NÄGELI (zit. FN 33) Bd. I 9, ist die Abhängigkeit der einen Gesellschaft von der anderen gerade das Charakteristikum der Doppelgesellschaft. «Angesichts (…) der völlig abhängigen Stellung der Organgesellschaft besteht auch eine grundsätzlich unbeschränkte Haftung der Gundgesellschaft für die Verpflichtungen der Organgesellschaft» (NÄGELI, a.a.O., 4). Die Organgesellschaft befinde sich geradezu in der Stellung eines «Sklaven», dem jegliche Möglichkeit einer faktisch eigenen Willensbetätigung genommen sei (NÄGELI [zit. FN 33 Bd. II] 340; siehe auch a.a.O. 500–508). Zustimmend für die Doppelgesellschaft WALTER R. SCHLUEP (zit. FN 37) 340 und 480. Siehe aber DERS. in FN 38.

[41] WERNER VON STEIGER, Schweizerisches Privatrecht VIII/1, 375: Ein wichtiger Grund für die Auflösung der einfachen Gesellschaft liege nicht nur in der objektiven Bedeutung der ausgebliebenen oder schlecht erfüllten Leistung, sondern unter Umständen schon im Dahinschwinden der Vertrauensbasis. Die Auflösung der Gesellschaft müsse aber ultima ratio bleiben (WERNER VON STEIGER, a.a.O., 372). Unter den wichtigen Grund subsumiert ALFRED SIEGWART (zit. FN 36) N 29 zu Art. 547 dauerndes, wiederholtes Verhalten, das die Erreichung des Gesellschaftszwecks verunmöglicht, erschwert oder gefährdet.

B. Beteiligung eines Teils der Aktionäre

Nun das Porträt des *zweiten* Typs. Hier geht es nicht um Koordination, sondern unmittelbar um *Koalition*. Man bindet sich, um gemeinsam stark zu sein, auch um die Ausnutzung interner Konflikte durch Aussenstehende zu verhindern, aber auch etwa um die stärkeren Partner im Konsortium einzubinden (interner Minderheitenschutz).

Rechtlich ergibt sich daraus typischerweise etwa Folgendes:
– Rückwirkungen zwischen der AG-Ordnung und der eG-Ordnung sind hier ganz ausgeschlossen. Rechtsmängel, Verletzungen und Störungen im ABV-Verhältnis haben keine Auswirkung auf die Aktionärschaft[42].
– Koalitionen sind typischerweise geheimnislastig. Die Partner dürfen nicht davon ausgehen, dass der Bestand ihrer Vereinbarung allen bekannt ist oder werden darf, und auch wenn dies der Fall ist, sind vermutungsweise die Einzelheiten der Prozedur und des Inhalts der internen Willensbildung diskret zu behandeln.
– Koalitionen sind koalitionsfeindlich. Die gesellschaftsrechtliche Treuepflicht (vgl. Art. 536 OR) muss bedeuten, dass den Mitgliedern andere Pakte untersagt sind. Selbst wenn es deswegen zu keinen abmachungswidrigen Stimmabgaben kommt, «kauft» im Stimmbündnis jeder den Partner mit der vollen Chance, ihn in der internen Ausmarchung für die eigene Position zu gewinnen[43]. Deshalb sind m.E. auch Pakte von Mitgliedern *innerhalb* des Pakts ohne Genehmigung aller Partner des äusseren Pakts nicht zulässig.
– Die Bindung an die Vereinbarung ist m.E. von einer starken *clausula rebus sic stantibus* begleitet, d.h. nicht selten ist die Einrede der veränderten Umstände möglich[44]. Eine sorgfältige Antizipation von Si-

---

[42] Allgemein betr. ABV PETER FORSTMOSER (zit. FN 1) 366 mit zahlreichen Hinweisen. Siehe aber HANSJÜRG APPENZELLER (zit. FN 1) 62–64, der Generalversammlungsbeschlüsse, die unter Missachtung der vertraglichen Stimmbindung ergangen sind, für anfechtbar hält.

[43] Über Treuepflichten aus Mehrfachkooperationen WALTER R. SCHLUEP (zit. FN 37) 415–418.

[44] S. oben I.A.3. und I.B.3. WALTER R. SCHLUEP (zit. FN 37) 431 f. will das Problem durch entsprechend erleichterte Kündigungsmöglichkeit aus wichtigem Grund (Art. 545 Ziff. 7 OR) auffangen. Indessen muss die clausula je nachdem auch zur angepassten Beibehaltung des Verhältnisses führen können (HANS MERZ, Berner Kommentar, Bern 1962, N 242 zu Art. 2 ZGB).

tuationsveränderungen (z.B. in den Beteiligungsverhältnissen) ist darum bei der Vertragsredaktion ausserordentlich wichtig, um richterliche Eingriffe in den Vertrag zu vermeiden.

C. Bindung eines einzelnen Aktionärs oder Verwaltungsrats

Schliesslich der *dritte* Typ. Wie schon hervorgehoben, ist er von entscheidend anderer Natur, weil die Rolle des Instruktionsempfängers durch ein Subordinationsverhältnis, eine Pflicht zur Wahrung fremder Interessen gekennzeichnet ist. Solche Verhältnisse sind rechtlich immer dann problematisch, wenn der formell aussenstehende Weisunggeber kein, oder kein rechtlich anerkanntes Interesse an der Gesellschaft hat. Problem*los* ist in dieser Hinsicht also die Bindung auf Aktionärsebene, weil mangels Treuepflicht des Aktionärs ohnehin keine schützbaren Erwartungen hinsichtlich seines Stimmverhaltens bestehen. Problemlos ist aber auch der Mandatsvertrag eines *Verwaltungsrats* mit der Muttergesellschaft oder der Bank mit ihrem Kunden aufgrund eines Treuhand- oder ähnlichen Verhältnisses.

Trotzdem ist darauf hinzuweisen, dass die so weit verbreitete, unter anderem durch die Domizil- und Nationalitätspflichten (Art. 708 OR) veranlasste Praxis des *fiduziarischen Verwaltungsrats* rechtlich noch immer keine Selbstverständlichkeit ist. Das Bata-Urteil des Zürcher Obergerichts, das dafür namentlich als Grundlage angesehen wird[45], wie auch der zustimmende Kommentar von Jäggi[46], haben auf eine Einmanngesellschaft Bezug. Allseits hiess es damals, der Fall würde anders liegen, wenn es noch andere Aktionäre gäbe[47]. Der Umstand, dass nach Instruktion gestimmt wird, kann m.E. immerhin nur dann zum Problem werden, wenn im gleichen Gremium, also im Verwaltungsrat, das Stimmverhalten nicht frei und die Beeinflussungschance für *andere Mitglieder* des Verwaltungsrats unterbunden ist.

---

[45] ZR 1959 Nr. 70.

[46] PETER JÄGGI, Ein Gerichtsurteil über den «abhängigen» (fiduziarischen) Verwaltungsrat, SJZ 1960 1–7, 4.

[47] Siehe etwa die allerdings vor dem Entscheid ergangenen kritischen Publikationen zum fiduziarischen Verwaltungsrat von VITO PICENONI (zit. FN 8) 321–328 und von FRITZ VON STEIGER (zit. FN 13) 33–40.

Etwa folgende juristische Züge können an diesem Verhältnis hervorgehoben werden:

– Auch diese Art Vereinbarung ist stark geheimnislastig.

– Die beteiligten Parteien haben beide für eine adäquate Willensbildung unter sich zu sorgen. Rechtlich fragwürdig, weil gegen das zwingende Organisationskonzept des Gesellschaftsrechts verstossend, sind etwa ständige Weisungen oder sonstwie nicht situationsadäquate Instruktionen[48]. Hier ist die Rücksprache des Weisungsempfängers mit dem Auftraggeber nicht nur allenfalls eine Sorgfaltspflicht, sondern ein Erfordernis, dessen Fehlen m.E. die Stimmabgabe sogar gesellschaftsrechtlich anfechtbar machen könnte. Denn die starre Befolgung von Instruktionen bedeutet, dass in einem materiellen Sinn der Auftraggeber nach Art. 691 Abs. 3 OR «am Beschluss mitwirkt», obwohl der Aktionär in formeller Sicht der Beauftragte ist[49].

– Völlig anders sind hier die Gesichtspunkte für die Beendigung der Stimmbindung, da meist ein Mandatsverhältnis vorliegt und damit zwingend die jederzeitige Kündbarkeit nach Art. 404 OR gilt.

III. Einzelne Vertragsklauseln

A. Exklusivität

Beispiel

Keine Vertragspartei wird bezüglich der Aktien, die Gegenstand des Vertrags bilden, andere Stimmbindungen eingehen.

---

[48] Oben I.A.3.

[49] Das will keineswegs besagen, dass die Stimmbindung als solche eine Verletzung von Art. 691 Abs. 3 OR sei. Wie oben bezüglich der Zulässigkeit der Stimmbindung grundsätzlich dargelegt (Ziff. I), ist die Überlassung der materiellen Ausfüllung der Stimmbefugnis selber Teil des Stimmrechts; die materielle Ausfüllung ist mithin Element des formellen Rechts. Diese legitimierende Kraft versagt aber, wo die Pauschalität der Unterwerfung nicht mehr aus inhaltlichen Motiven gerechtfertigt erscheinen kann (oben I.A.3. und I.B.2.a).
HANSJÜRG APPENZELLER (zit. FN 1) 63 argumentiert genau umgekehrt: Das Abweichen von der Stimmbindung sei Anfechtungsgrund, da der stimmgebundene Aktionär nur im abgemachten Sinne abstimmen dürfe. Die Trennung von vertrags- und aktienrechtlicher Ebene steht dem nach der herrschenden Lehre, der hier gefolgt wird (FN 36 und 42), entgegen.

Bemerkungen

Die Klausel ist weit gefasst. Sie

– schliesst Bindungen sowohl mit andern Aktionären wie mit **Dritten** aus;

– gilt gleichermassen für Zusatzabmachungen mit Pool-**Outsidern** wie **-Insidern**;

– erfasst **jede Art** von anderweitiger Stimmbindung, auch wenn sie inhaltlich nicht unbedingt unvereinbar oder sogar der ursprünglichen Stimmbindung untergeordnet wird (z.B. «der Poolvertrag vom [Datum] geht dieser Vereinbarung vor»).

B. Formelle und materielle Stimmbindung

Beispiele

1. Die Vertragsparteien üben ihr Stimmrecht alle so aus, wie es die Mehrheit von ihnen in einer Vorversammlung beschlossen hat.

2. Die Vertragsparteien werden sich anteilsmässig an einer jährlichen Erhöhung des Aktienkapitals um Fr. 1 Mio beteiligen.

3. Die Vertragsparteien stimmen jeweils im Sinne der Anträge des Verwaltungsrats.

Bemerkungen

Der Inhalt der Stimmabgabe kann im Vertrag **prozedural** (III.B.1.) oder **materiell** (III.B.2., III.B.3.) bestimmt sein. Die erstgenannte Möglichkeit bedarf der Ergänzung durch Regelungen bei Patt-Situationen, namentlich wenn es nur zwei Vertragspartner sind[50].

Verfahren, die einem Partner keine Chance der Einflussnahme geben (interne Abstimmung nach Kapitalanteil bei 60:40-Verteilung, aber auch

---

[50]   Unten III.E.

Stimmabgabe nach Anträgen des Verwaltungsrats, wenn ein Partner im Gegensatz zu den andern darin nicht vertreten ist) sind m.E. als eine Form der *societas leonina* (vgl. Art. 533 Abs. 3 OR) ungültig[51].

C. Qualifiziertes Mehr

Beispiel

Die Statuten und das Organisationsreglement dürfen nicht gegen den Willen einer Vertragspartei geändert werden, welche mindestens 10% der Aktienstimmen hält.

Bemerkungen

Minderheitenschutz ist oft bei Pool-Verträgen erforderlich. Auch hier ist die richtige Mischung von **Starrheit und Flexibilität** aber schwer zu finden. Das Beispiel geht verhältnismässig weit; der Minderheitspartner kann namentlich Kapitalerhöhungen unterbinden und – wenn nicht schon eingeführt – die Delegation.

Noch schwieriger ist diese Mischung bei andern Arten von rechtsgeschäftlichem Minderheitenschutz. Entweder zu wenig effizient oder zu rigid sind vertragliche **Dividendengarantien** oder **summenfixierte Mitspracherechte** (z.B. Einwilligung aller Partner bei Geschäften über einer Million; leicht umgehbar).

D. Einigungszwang

Beispiel

Die Partner einigen sich im voraus über die Art ihrer Stimmabgabe. Findet keine Einigung statt, so üben sie Stimmenthaltung.

---

[51] Art. 533 Abs. 3 OR bringt allerdings das Verbot der societas leonina in einen ausschliesslich finanziellen Kontext; siehe auch HERMANN BECKER, Berner Kommentar, Bern 1954, N 11 f. zu Art. 533 OR und WERNER VON STEIGER (zit. FN 41) 389–391. Die allgemeinere Perspektive aber in BGE 104 II 108, 113.

Bemerkungen

Eine solche Regelung, welche auf *Deblockierung* von Meinungsverschiedenheiten völlig *verzichtet*, ist vor allem bei engen persönlichen Verhältnissen innerhalb des Pools keineswegs die schlechteste Lösung. Dabei darf Nicht-Einigung aber nicht bedeuten, dass die Beteiligten dann Freiheit erhalten, sonst geht der Sinn der Vereinbarung überhaupt verloren. Als Rechtsfolge lässt sich dabei auch daran denken, dass bei öfterer Nicht-Einigung innert einer bestimmten Zeit der Vertrag gekündigt werden kann. Dies senkt allerdings wieder den Einigungsdruck.

Sehr fragwürdig ist die nicht selten anzutreffende Regelung, wonach mangels Einigung die Stimme im *negativen* Sinn abzugeben ist. Diese Art der Gestaltung ist zwar Ausdruck des alten Grundsatzes «in dubio abstine» («im Zweifel enthalte dich»), doch ist es problematisch, für die Zustimmung höhere Hürden zu schaffen als für die Ablehnung. Einmal kommt dann alles auf die Fragestellung an und die Chancengleichheit zwischen bejahenden und verneinenden Partnern ist nicht gewahrt. Vor allem aber gibt es keinen allgemeinen Grund, weshalb das Eingehen auf ein Projekt das grössere Risiko darstellt als die Ablehnung. Denn einmal hängt der Grad der Irreversibilität vom jeweiligen Projekt ab, und zudem gilt dasselbe für die verpassten Möglichkeiten bei Ablehnung.

E. Patt-Situationen

Beispiele

1. *Mangels Einigung der Parteien (bzw.: bei Stimmengleichheit) wird die Angelegenheit Frau/Herrn X vorgelegt. Diese(r) entscheidet nach Anhörung aller Parteien für diese verbindlich.*

2. *Mangels Einigung (oder: bei Stimmengleichheit) entscheidet das Los.*

Bemerkungen

Der Phantasie sind bezüglich Verfahren für die Überwindung von Patts kaum Grenzen gesetzt. Grundsätzlich teilen sie sich ein in solche, welche einen *inhaltsbezogenen* und solche, welche einen *zufallsgenerierten* Entscheid erzeugen[52]. Ein Beispiel der zweiten Art wäre auch, dass bei paritätischer Blockbildung innerhalb des Pools im Stichentscheid periodisch alterniert wird. Die Überlassung an den Zufall ist keineswegs von vornherein die minderwertige Lösung[53]. Sie ermöglicht kurzfristiges Handeln, und namentlich stellt die Drohung mit dem Zufallsentscheid einen zusätzlichen Einigungszwang dar.

Zu bedenken ist auch, dass es sich vor allem bei den chronischen Patts kaum um Sachfragen, sondern um «politische» Grundsätze handelt, für welche eine Schiedsperson wenig objektive Entscheidgrundlagen hat.

F.   Einzelheiten der Vorversammlung

Beispiele

1.   *Vertragspartei A unterbreitet den andern Vertragsparteien, eintreffend spätestens X Tage zuvor, schriftliche Anträge über das koordinierte Verhalten an der Generalversammlung. Diese sind für alle Vertragsparteien verbindlich, sofern nicht eine Partei eine Sitzung der Vertragsparteien verlangt und bei dieser Gelegenheit ein anderes Stimmverhalten beschlossen wird.*

2.   *Solange zumutbarerweise eine Vorabstimmung durchgeführt werden kann, steht es einer Vertragspartei zu, Rückkommen auf eine vorangehende Vorabstimmung zu beantragen.*

3.   *Die Vorversammlung ist nicht beschlussfähig, wenn mehr als eine Vertragspartei abwesend und nicht vertreten ist. Vertretung ist durch eine andere Vertragspartei oder eine Drittperson möglich. Kommt die Beschlussfähigkeit nicht zustande, so gilt Stimmfreigabe.*

4.   *Die Vorversammlung fasst ihre Beschlüsse mit dem einfachen Mehr der anwesenden oder vertretenen Vertragsparteien (wobei für jeden Familienstamm ein einfaches Mehr gegeben sein muss) (oder: mit dem einfachen Mehr der Stimmrechte in der Generalversammlung).*

---

[52]   Jean-Paul Thommen, Betriebswirtschaftslehre, 3. A. Zürich 1992, 240–242; Franz Eisenführ/Martin Weber, Rationales Entscheiden, 2. A. Berlin usw. 1994, passim.

[53]   Vgl. etwa auch Art. 611 Abs. 3 ZGB. Kritisch zum Stichentscheid Walter R. Schluep (zit. FN 37) 490–491, weil er die Vertrauensgrundlage unnötig belaste.

Bemerkungen

Die Festlegung innerhalb des Stimmenpools sollte so kurzfristig wie möglich vor der Generalversammlung erfolgen, damit die berücksichtigten Umstände möglichst auf neustem Stand sind. Eine Vorversammlung kann nicht selten, vor allem bei blossen jährlichen Routinegeschäften der Generalversammlung, unterbleiben.

Wenigstens ein innerhalb des Pools ergehender Antrag, dem durch Stillschweigen zugestimmt wird, sollte aber für die Pflicht zum koordinierten Stimmen erforderlich sein. Die Vertragsparteien auch mangels dessen auf eine Art der Stimmabgabe zu verpflichten, etwa im Sinn des Verwaltungsrats, bringt eine unnötige Starrheit. Deshalb sollte auch bei Nicht-Zustandekommen eines Poolbeschlusses mangels Beschlussfähigkeit Stimmfreiheit gelten.

In die Stimmbindung sollten nicht nur die Beschlüsse zu den Traktanden der Generalversammlung einbezogen werden, sondern das ganze Verhalten in der Versammlung, also auch Auskunftsersuchen, Begehren um Sonderprüfung, Nichteintretens-Anträge, usw. Selbstverständlich bleiben Überraschungen durch Vorstösse Dritter an der Generalversammlung möglich, gerade bezüglich Sonderprüfungsanträgen (Art. 700 Abs. 3 OR), und dies ohnehin, wenn die Generalversammlung sich als Universalversammlung im Sinn von Art. 701 OR konstituiert hat. Dazu noch die nächste Bemerkung.

Ebenfalls im Sinne der Flexibilität (und damit der Optimierung der Gültigkeitschance der Stimmbindung; oben I.A.3. u.a.) sollte so lange wie möglich Rückkommen auf einen Vorversammlungsbeschluss möglich sein. Notfalls, und so auch bei Überraschungen von Drittseite im oben erwähnten Sinn, müsste es zu den Vertragspflichten gehören, zur Erwirkung einer Sistierung der Generalversammlung beizutragen.

Beispiel III.F.4. sieht einen Minderheitenschutz im Vergleich zum Stimmengewicht nach Kapitalanteil durch Abstimmung nach Köpfen vor. Zum Minderheitenschutz auch oben Ziff. III.C.

Peter Böckli

Aktionärbindungsverträge mit eingebauten Vorkaufs- oder Kaufsrechten und Übernahmepflichten

Inhaltsübersicht

I. Einleitung	36
II. Übersicht über die Erscheinungsformen	39
A. Das Vorkaufsrecht	40
B. Das Vorhandrecht	41
C. Das bedingte Kaufsrecht	42
III. Abgrenzung zum Ankaufsverfahren des Vinkulierungsrechts	43
A. Das aktienrechtliche Ankaufsverfahren des Art. 685b Abs. 1 OR	43
B. Grundsätzliche Eignung des aktienrechtlichen Ankaufsverfahrens zur Bewältigung des «Abwanderungsproblems»	45
1. Vorzüge des aktienrechtlichen Ankaufsverfahrens («escape clause»)	45
2. Nachteile des gesetzlichen Ankaufsverfahrens	47
C. Die Frage statutarischer Vorkaufs- und Vorhandrechte	52
1. Der neue Art. 685b Abs. 7 OR als Garantie minimaler Übertragbarkeit	52
2. Das Ende der Übergangsfrist (30. Juni 1997)	53
IV. Ausgestaltung von Erwerbsrechten in einem ABV	54
A. Vorkaufsrecht	54
1. Essentialia	55
2. Preislimitierung	55
3. Freistellung bestimmter Fälle vom Vorkaufsrecht	55
4. Auslösung	55
5. Abwicklung gemäss dem Drittkaufvertrag	56
6. Störungen der Vertragsabwicklung	56
7. Zuteilungsregeln	57
8. Anwachsen	57
9. Gesamtausübungsklauseln	57
10. Abtretbarkeit	57
11. Dauer	58

B. Vorhandrecht und bedingtes Kaufsrecht 58
  1. Essentialia, vor allem die Preisformel 58
    a) Bestimmbarkeit des Preises 58
    b) Unechte Konventionalstrafe 60
    c) Das Preisermittlungsorgan 61
  2. Auslösung des Vorhandrechtes 62
  3. Einzelheiten der Abwicklung 62
  4. Störungen in der Vertragsabwicklung 63
  5. Aufteilungsregeln und Anwachsen; Abtretbarkeit und Dauer 63
  6. Erschöpfung des Vorhand- oder Kaufsrechtes durch Ausübung? 63
  7. Vertragsüberbindungspflicht 64
  8. Rücktrittsrecht des veräusserungswilligen Konsorten 64
  9. Bezugsrechte bei Kapitalerhöhungen 65

V. **Vertragliche Übernahmepflicht («put-option»)** 65
A. Das Problem 65
B. Die Übernahmepflicht in konkreter Ausgestaltung 66
C. Put-option des austretenden Konsorten («Übernahmepflicht der Verbleibenden») 67

Anhang 68

Literaturübersicht 73

I. Einleitung[*]

Die *Erwerbsrechte* in Aktionärbindungsverträgen und dazu die *Übernahmepflichten* sind ein facettenreicher und zugleich problematischer Gegenstand des modernen Vertragsrechtes. Dieses weite Feld abzudecken und dabei dogmatische Feinheiten zu erörtern, ist auf wenigen Seiten gar nicht möglich. Stattdessen geht es hier vor allem darum, besonders heikle Punkte ins Licht zu rücken und praktische Hinweise für die *Vertragsgestaltung* zu geben. Dabei werden *Modellfälle* mittels Graphiken dargestellt, deren Symbolik wie folgt zu verstehen ist:

---

[*] Das Thema ist eingegrenzt auf die zentralen Fragen der Vertragsgestaltung; wichtige Teilfragen wie die ABV in der *Erbfolge* und die Querverbindung von Art. 685b Abs. 4 OR mit einem ABV mussten ausgeklammert bleiben. Die Vortragsform wurde weitgehend beibehalten.

36

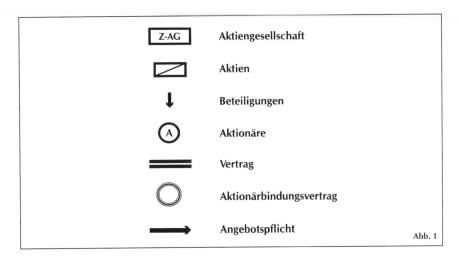

Z-AG	Aktiengesellschaft
	Aktien
↓	Beteiligungen
Ⓐ	Aktionäre
═	Vertrag
◯	Aktionärbindungsvertrag
➜	Angebotspflicht

Abb. 1

Besteht z.B. ein Aktionärbindungsvertrag unter drei Aktionären, die zusammen gerade auf knapp 50,1% der Stimmen kommen, und die sich zur Wahrung ihrer beherrschenden Stellung auf Dauer in einem als *einfache Gesellschaft* zu qualifizierenden Aktionärbindungsvertrag («ABV») zusammenschliessen[1], ergibt sich die folgende Darstellung:

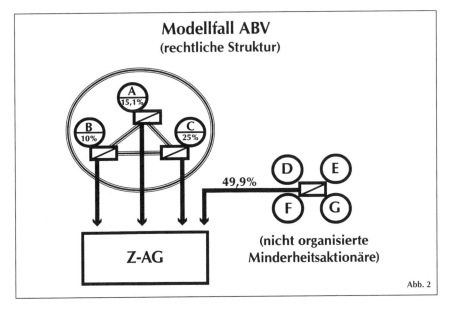

Modellfall ABV
(rechtliche Struktur)

A 15,1%

B 10% C 25%

49,9% D E F G

Z-AG

(nicht organisierte Minderheitsaktionäre)

Abb. 2

---

[1]   PETER BÖCKLI (1961) 66, mit Nachweis der älteren Literatur; PETER FORSTMOSER (1988) 371/72.

Wenn sich die drei Aktionäre – sie werden hier Konsorten A., B. und C. genannt – an einen Tisch setzen, um zur Sicherung ihrer hauchdünnen Mehrheit in der Generalversammlung Vorkehrungen zu treffen, so kommt – nach der Frage der Konzentration ihrer Stimmenmacht – fast regelmässig der Gegenstand von *Veräusserungsbeschränkungen* in ihrem Kreis auf. Damit wollen sie nicht die Ausübung ihrer Aktionärsrechte, sondern ihre vermögensrechtliche Verfügungsfreiheit durch gegenseitige Erwerbsrechte einschränken. Eine Stimmbindung greift ständig ein, solange die Aktien «*im Vertrag*» sind; das Vorkaufs- und Vorhandrecht dagegen greift erst ein, wenn die Aktien «*aus dem Vertrag*» abzuwandern drohen. Die Vorkaufs- und anderen Erwerbsrechte werden nur ereignisbezogen aktuell.

Auch die *Leistung*, die der im ABV gebundene Konsorte schuldet, ist hinsichtlich der Stimmbindung und der Erwerbsrechte völlig verschieden:

(i) durch die **Stimmbindung** richtet der Konsorte die Ausübung seiner Aktionärsrechte, des Stimmrechtes[2], nach einer verbindlichen *Leitnorm* aus. Er stimmt (oder enthält sich) im Sinne entweder einer vertraglichen Festlegung oder von Fall zu Fall gemäss einem Konsortialbeschluss. Er verzichtet also vertraglich im Interesse des Konsortialzwecks auf seine freie Willensausübung[3];

(ii) in der **Veräusserungsbeschränkung** dagegen liegt in erster Linie eine Unterlassungspflicht. Der gebundene Konsorte *unterlässt* bestimmte Veräusserungsgeschäfte: Er verkauft überhaupt nicht, oder an jemanden, an den er nicht verkaufen will, oder dann zu einem vorgegebenen niedrigen Preis. Er verzichtet also im Interesse des Konsortialzwecks auf eine wirtschaftlich vorteilhafte Desinvestition.

---

[2] Und gegebenenfalls anderer Mitwirkungsrechte.
[3] Vgl. HANSJÜRG APPENZELLER (1996) 29 ff.

38

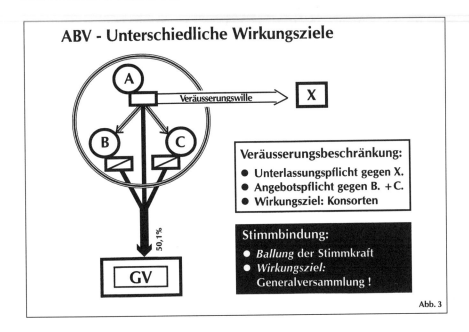

ABV - Unterschiedliche Wirkungsziele

Veräusserungswille

Veräusserungsbeschränkung:
- Unterlassungspflicht gegen X.
- Angebotspflicht gegen B. + C.
- Wirkungsziel: Konsorten

Stimmbindung:
- *Ballung* der Stimmkraft
- *Wirkungsziel:* Generalversammlung !

Abb. 3

Die absolute Veräusserungsbeschränkung (das *Veräusserungsverbot* auf Zeit) ist eher selten anzutreffen[4]. Häufiger wird der veräusserungswillige Konsorte durch ein Vorkaufs-, Vorhand- oder Kaufsrecht nur in seiner *Partnerwahl- und Vertragsgestaltungsfreiheit* beschränkt: Er kann seinen Käufer nicht frei wählen, sondern ist auf den Kreis der andern Konsorten verwiesen, und oft ist er hinsichtlich des Verkaufspreises an eine bestimmte Preisformel gebunden.

II. Übersicht über die Erscheinungsformen

Es gibt drei typische Erscheinungsformen der Erwerbsrechte in Aktionärbindungsverträgen:

(A) Vorkaufsrecht;

(B) Vorhandrecht;

(C) Bedingtes Kaufsrecht.

---

[4] Das absolute Veräusserungsverbot bietet besondere Probleme, auf die hier nicht weiter einzugehen ist.

In allen Modellfällen ist als der typische (und am meisten problembeladene) Fall die Veräusserung an einen *Dritten*, d.h. an eine durch den ABV *nicht* gebundene Person ins Auge gefasst. Die Rechtsfragen stellen sich ähnlich (wenn auch in weniger scharfer Form) bei einer beabsichtigten Veräusserung an einen der *Konsorten*, in unseren Modellfällen z.B. von A. an B. oder an C. Dieser «ABV-interne» Fall ist im Kommenden stets mitenthalten. Am Schluss ist die noch viel weitergehende vertragliche *Übernahmepflicht* eines Konsorten, die «*put-option*», im ABV zu erörtern.

A. Das Vorkaufsrecht

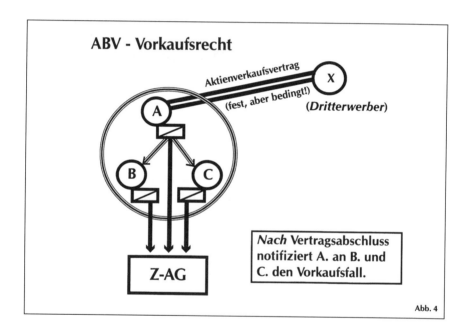

ABV - Vorkaufsrecht

Aktienverkaufsvertrag
(fest, aber bedingt!)

X
(*Dritterwerber*)

A

B   C

Z-AG

Nach Vertragsabschluss notifiziert A. an B. und C. den Vorkaufsfall.

Abb. 4

1. Auslösung:

• Abschluss eines Kaufvertrages über die Aktien zwischen A. und X.

2. Pflicht von A.:

• Vertrag mit X. nur *bedingt* zu schliessen (Gestaltungspflicht) (wunder Punkt).

- Bei *Ausübung* des Vorkaufsrechts durch B./C.:
  nicht an X. zu verkaufen, sondern Aktien zum *Preis*, der mit X. vereinbart wurde, *an B./C.* zu verkaufen.

3. Pflicht von B./C.:

- keine (nur Recht)

B. Das Vorhandrecht

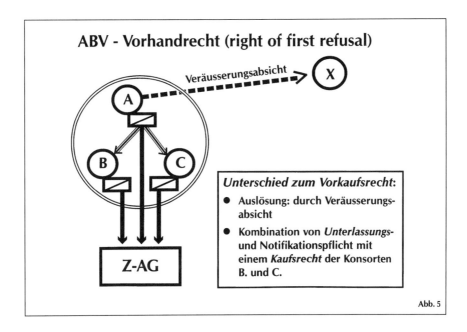

ABV - Vorhandrecht (right of first refusal)

Veräusserungsabsicht

Unterschied zum Vorkaufsrecht:

- Auslösung: durch Veräusserungsabsicht

- Kombination von *Unterlassungs-* und Notifikationspflicht mit einem *Kaufsrecht* der Konsorten B. und C.

Abb. 5

1. Auslösung:

- Veräusserungsabsicht des A. (psychologischer Vorgang!)

2. Pflicht von A.:

- Vertragsabschluss mit X. zu *unterlassen*;
- Veräusserungsabsicht an B. und C. zu *notifizieren*;
- sich über *Preis* zu einigen oder Preisbestimmung nach Vertragsformel abzuwarten;

41

- bei *Ausübung* des Vorhandrechtes durch B. und/oder C.:
  Aktien nicht an X., sondern zum *Einigungs-* oder *Formelpreis* an B.
  bzw. C. zu verkaufen.

3. Möglich:

- Kombination eines *Vorhandrechtes* (ausübbar zum Formelpreis) mit
  einem *Vorkaufsrecht* (ausübbar zum Drittkaufpreis). Sehr belastend.

C. Das bedingte Kaufsrecht

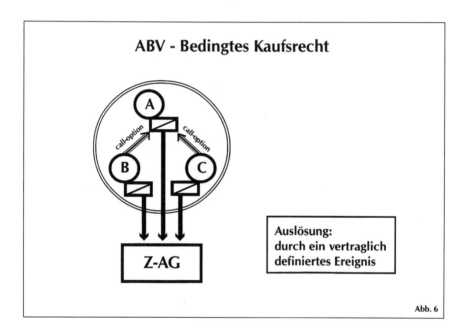

Abb. 6

«Call-option»

Auslösende Ereignisse:

- *Tod* (Achtung Form!)
- *Konkurs* (Achtung SchKG)
- *Vertragsverletzung*
- *Austritt oder Ausschliessung aus ABV*
- *Zeitablauf*

Unterschied zu Vorkaufs- und Vorhandrechten:

- Auslösung nicht durch Vertragsabschluss (wie Vorkaufsrecht) oder Veräusserungsabsicht (wie Vorhandrecht),
- sondern ein vertraglich frei *definiertes Ereignis*.

Dieses löst eine *call-option* (Kaufsrecht) aus.

III. Abgrenzung zum Ankaufsverfahren des Vinkulierungsrechts

A. Das aktienrechtliche Ankaufsverfahren des Art. 685b Abs. 1 OR[5]

Bevor der Blick auf die zu beachtenden rechtlichen Fussangeln bei der Vertragsgestaltung gerichtet wird, ist das im neuen Aktienrecht eingeführte *Ankaufsangebot der Gesellschaft* näher zu betrachten.

Art. 685b Abs. 1 OR gibt dem Verwaltungsrat jeder Aktiengesellschaft mit vinkulierten Namenaktien *von Gesetzes wegen* (also «automatisch»[6]) das Recht:

(i)   einen bei ihm vom veräusserungswilligen Aktionär angemeldeten Käufer *ohne Grundangabe abzulehnen* und

(ii) dem verkaufenden Aktionär ein Angebot zum *Ankauf* der fraglichen Aktien durch die Gesellschaft zu machen, und zwar

(iii) zu deren «*wirklichem Wert*».

---

[5]   Vgl. FORSTMOSER/MEIER-HAYOZ/NOBEL (1996) § 44 N 161 ff.; PETER BÖCKLI (1996) Rz 692 ff.; HANSPETER KLÄY (1997) Kapitel 8.4.

[6]   Die von wenigen Autoren kurz nach Inkrafttreten des neuen Aktienrechts vorgebrachte Theorie, das Ankaufsverfahren gelte *nicht* von Gesetzes wegen, es sei also eine ausdrückliche *statutarische Ankaufsklausel* nötig, ist heute allgemein als unzutreffend erkannt. Das Ankaufsrecht gilt zwar nur bedingt – *wenn* vinkulierte Namenaktien bestehen –, dann aber *unmittelbar-gesetzlich*.

Der Verwaltungsrat kann auf diese Weise nach den Regeln über den Erwerb eigener Aktien 10% (in Ausnahmefällen bis zu *20%*[7]) *des Aktienkapitals* zulasten der Gesellschaftskasse ankaufen.

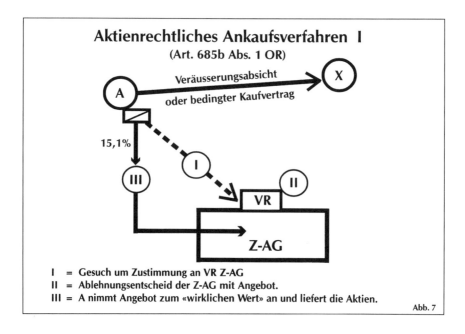

Aktienrechtliches Ankaufsverfahren I
(Art. 685b Abs. 1 OR)

I = Gesuch um Zustimmung an VR Z-AG
II = Ablehnungsentscheid der Z-AG mit Angebot.
III = A nimmt Angebot zum «wirklichen Wert» an und liefert die Aktien.

Abb. 7

Voraussetzung ist freilich, dass die Gesellschaft

(1) über *frei verwendbares Eigenkapital* in der Höhe der Ankaufssumme verfügt (also nicht etwa nur in der Höhe der Nennwerte der angekauften Aktien[8]);

(2) über genügend *nichtbetriebsnotwendige Liquidität* verfügt;

(3) bei Ankauf über 10% (bis 20%) *innerhalb von 2 Jahren* die angekauften Aktien *bis auf 10% hinunter* weiterverkauft oder durch Kapitalherabsetzung vernichtet, und

---

[7]   Art. 659 Abs. 2 OR 1991 erlaubt, im Zusammenhang gerade mit dem Ankaufsverfahren des Art. 685b Abs. 1 OR bis auf 20% des Aktienkapitals zu gehen, freilich mit einem Veräusserungszwang innerhalb von zwei Jahren.

[8]   Art. 659 Abs. 1 OR. Rechtsfolge – aber nur beim Erwerb auf eigene Rechnung – ist ferner die Einrichtung einer besonderen *gesetzlichen* Reserve («Reserve für eigene Aktien») und die Offenlegung im Anhang gemäss Art. 663b Ziff. 10 OR.

(4) das bekannte Problem der *Verrechnungssteuer* auf eigenen Aktien lösen kann[9]. Die Lösung ist möglich durch Erwerb für *fremde Rechnung* von Anfang an (Vermittlerfunktion) oder durch wertgleichen Weiterverkauf innerhalb der Toleranzfrist von neu 6 Jahren[10].

B. Grundsätzliche Eignung des aktienrechtlichen Ankaufsverfahrens zur Bewältigung des «Abwanderungsproblems»

1. Vorzüge des aktienrechtlichen Ankaufsverfahrens («escape clause»)

(i) Ein Hauptproblem – die steuerlichen Konsequenzen – ist gelöst, wenn die Gesellschaft die angekauften Aktien von Beginn an *für Rechnung der verbleibenden Aktionäre kauft oder die Aktien ohne Verzug zum gleichen Preis an diese weiterverkauft.* Die eigenen Aktien sind in diesem Fall bloss ein «durchlaufender Posten»; das Gesetz sieht genau das sogar ausdrücklich vor[11].

(ii) Ein solcher «Ankauf zur Weiterleitung an die verbleibenden Aktionäre» führt nun aber in vielen Situationen zu einem Ergebnis, das demjenigen zum Verwechseln ähnlich sieht, das durch ein in einen ABV eingebautes *Vorkaufs- oder Vorhandrecht* erzielt wird.

---

[9] Vgl. das *Referat* des *Verfassers* zur Verrechnungssteuer auf eigenen Aktien und den Lösungsvorschlägen für die Zukunft vor der Schweizerischen Vereinigung für Steuerrecht vom 8. Februar 1997 in Basel. Bundesgesetz vom 10. Oktober 1997.

[10] Nach dem *Kreisschreiben Nr. 25* vom 27. Juli 1995 der Eidg. Steuerverwaltung wurde Art. 20 VStV 1966 so ausgelegt, dass die Differenz zwischen Nennwert und Ankaufspreis der Verrechnungssteuer von 35% unterstand, wenn die Aktien nicht innerhalb von *zwei Jahren* weiterverkauft wurden. Mit der Reform der Unternehmensbesteuerung vom 10. Oktober 1997 wurde die Frist zur Weiterveräusserung eigener Aktien generell auf sechs Jahre erstreckt (Art. 4a VStG).

[11] Vgl. «... *für Rechnung anderer Aktionäre ... zu übernehmen*», Art. 685b Abs. 1 OR.

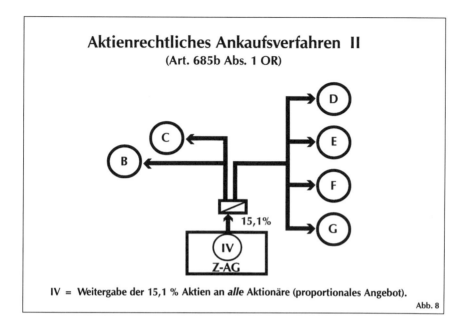

Aktienrechtliches Ankaufsverfahren II
(Art. 685b Abs. 1 OR)

IV = Weitergabe der 15,1 % Aktien an *alle* Aktionäre (proportionales Angebot).

Abb. 8

In der Tat: die gesetzliche Lösung des Art. 685b Abs. 1 OR kann durchaus der Verhinderung eines unerwünschten «Abwanderns» von Aktien aus dem Kreis der bisherigen Aktionäre dienen.

(iii) Art. 685b Abs. 1 OR hat zudem gegenüber dem in einen ABV eingebauten Erwerbsrecht mindestens einen *zusätzlichen Vorteil:* die *«quasidingliche» Sicherung des Vorgangs.* Das in einem ABV verankerte Vorkaufs- oder Vorhandrecht ist ein rein vertragliches Instrument; es gilt zwischen den Konsorten und nur zwischen ihnen. Ihm geht jede Wirkung nicht nur gegenüber der juristischen Person, der Aktiengesellschaft, sondern auch gegenüber dem Dritterwerber ab[12]. Diese mangelnde *«dingliche»* Wirkung des ABV ist für *alle* vertraglich begründeten Erwerbsrechte die eigentliche Crux. Die bloss vertraglich

---

[12] *Ausnahmen* werden in der Literatur schon seit Jahrzehnten erwähnt, so vor allem bei HARTMUT LÜBBERT (1971) 265: «Theoretisch liesse sich zwar auch nach dem Schweizerischen Obligationenrecht ein Anspruch auf *Rückgewähr* vertragswidrig veräusserter Anteile gegen den kollusiv handelnden Dritterwerber denken; die *Verleitung zum Vertragsbruch* ist als Fall einer sittenwidrigen absichtlichen Schadenszufügung im Sinne von Art. 41 Abs. 2 OR anerkannt, und nach Art. 43 Abs. 1 OR steht es im Ermessen des Richters, Schadenersatz durch *Naturalrestitution* anzuordnen.» (Das «auch» bezieht sich auf die befürwortende Literatur in Deutschland, a.a.O. 195 Anm. 471; Hervorhebungen beigefügt).

gebundenen Aktien *können* – unter Vorbehalt mannigfaltiger Sicherungsvorkehren der Parteien – effektiv verdeckt in Verletzung des Vertrages an einen unerwünschten Dritterwerber weiterverkauft werden. Dies verhält sich jedenfalls so, wenn

– es sich um *Inhaberaktien* oder *nicht vinkulierte Namenaktien* handelt, oder

– bei *vinkulierten Namenaktien*, wenn die *Mehrheit des Verwaltungsrates* der Abtretung von Aktien an den Dritterwerber aufgrund der Statuten die Zustimmung erteilt[13].

Der Ankaufsmechanismus des Art. 685b OR dagegen wirkt direkt körperschaftsrechtlich und damit «quasi-dinglich»: Nach der aktienrechtlichen Einheitstheorie[14] gehen zufolge des Ablehnungsentscheids des Verwaltungsrates weder die Aktien noch die Rechte aus den Aktien vom veräusserungswilligen Aktionär auf den Dritterwerber über. Der Kaufvertrag mit diesem ist notwendigerweise auf die Zustimmung der Gesellschaft bedingt. Nimmt der veräusserungswillige Aktionär das Ankaufsangebot der Gesellschaft an[15], liefert er seine Aktien gegen den wirklichen Wert ab, und tritt die Gesellschaft anschliessend die Aktien an die verbleibenden Aktionäre nach Massgabe ihres Aktienbesitzes ab, so ist das Erwerbsrecht der bisherigen Aktionäre gegenüber dem Dritterwerber in der Tat quasi-dinglich gewährleistet. Eine Abwanderung ist rechtlich nicht nur *verboten*, sondern sie ist so gut wie *unmöglich*.

2. Nachteile des gesetzlichen Ankaufsverfahrens

Trotz alledem wird in sehr vielen Fällen letztlich nur das **in einen ABV eingebaute Erwerbsrecht** die Lösung der konkreten Probleme bringen. Das körperschaftsrechtliche Ankaufsverfahren des Art. 685b Abs. 1 OR kann zwar (und soll auch) durch die Gesellschaft näher ausgestaltet werden. Die Gestaltungsmöglichkeiten – und die Verlässlichkeit eines solchen Ankaufsverfahrens zur Fernhaltung unerwünschter Dritter aus der Sicht einer bestimmten Aktionärsgruppe – haben aber Grenzen:

---

[13] Oder auch, wenn der Gesellschaft das Geld für das *Angebot zum «wirklichen Wert»* fehlt und keine nach Art. 685b Abs. 2 OR 1991 hinreichende Rechtfertigung für die «trockene» Ablehnung des Erwerbs gegeben ist.

[14] Art. 685c Abs. 1 OR 1991.

[15] Er ist *nicht* verpflichtet, dieses anzunehmen, d.h. er bleibt frei, die Aktien zu behalten oder einen der Gesellschaft genehmen Erwerber zu suchen.

(i) *Der Wille der Verwaltungsratsmehrheit ist am Schluss entscheidend,* *nicht der des Konsortiums:* Der Verwaltungsrat muss nach Art. 717 Abs. 1 OR die Interessen der Gesellschaft als ganzen im Auge haben, nicht diejenigen einer partikulären Gruppe unter den Aktionären, die sich in einem ABV zusammengeschlossen haben. Der Gedanke, man könne ganz einfach den Verwaltungsrat durch eine *Bindungsklausel* *im ABV* dem Konsortialwillen untertan machen («Verwaltungsrats-Bindungsvertrag»[16]), ist m.E. rechtlich unter dem heute geltenden Aktienrecht nicht wirksam[17]. Die Konsorten haben keine rechtliche Garantie, dass die Gesellschaft vom Ankaufsverfahren im konkreten Fall wirklich Gebrauch machen wird. Gerade eine solche Garantie ist aber meist ein Essentiale für die Verhinderung des Abwanderns von Aktien.

(ii) *Der Preissockel des «wirklichen Wertes» gilt zwingend:* In vielen ABV will man den Gedanken eines «*Zugrechtes*» verwirklichen – der «böse» Abtrünnige soll einen relativ *geringen Preis* für seine Aktien erhalten, ja manchmal trifft man auf spoliative Preisformeln, die m.E. nur noch als verdeckte Konventionalstrafe verstanden werden können. Darauf ist zurückzukommen[18].

Hier aber, beim Ankauf nach Art. 685b OR, gilt der «*wirkliche Wert*» zwingend. Nach Lehre und Judikatur ist das der «*innere Wert*», der mit einer objektivierten Methodik aus der nachhaltigen Ertragskraft und der Substanz der Gesellschaft abzuleiten ist[19]. Dies jedoch widerspricht gerade den Grundabsichten eines «Zugrechtes», das ja

 – den «*Abtrünnigen*» durch einen niedrigen Preis für seine Abwanderungsgelüste «*bestrafen*» soll, und

 – den «*Verbleibenden*» spiegelsymmetrisch durch den relativ niedrigen Übernahmepreis die Übernahme auch rein finanziell möglichst *erleichtern* soll.

Solche Gedanken lassen sich nun aber niemals durch das Angebotsverfahren des Art. 685b OR, sondern nur durch einen ABV verwirklichen.

---

[16] Unter altem Aktienrecht weit verbreitet.
[17] Vgl. PETER BÖCKLI (1993) 484 ff. und (1996) Rz 1633 ff. Das wird teilweise bestritten. Dazu oben DRUEY Ziff. I.B.
[18] Unten IV/B/1/b.
[19] Vgl. FORSTMOSER/MEIER-HAYOZ/NOBEL (1996) § 44 N 164 ff. sowie N 169 und PETER BÖCKLI (1996) Rz 699 ff. mit der in Anm. 309 angeführten Literatur. Wegleitend BGE 110 II 297 und 120 II 259.

(iii) *Der Verwaltungsrat ist in der Ankaufs- ebenso wie in der Weiter-verkaufsphase an das Gleichbehandlungsgebot gebunden:* Manche unterschätzen immer noch die Bedeutung der 1991 ins Gesetz geschriebene Maxime, die den Verwaltungsrat darauf verpflichtet, «*die Aktio-näre unter gleichen Voraussetzungen gleich zu behandeln*»[20]. In Tat und Wahrheit schränkt diese Regel gerade im Ankaufsverfahren für eigene Aktien die Entschluss- und Gestaltungsfreiheit des Verwaltungsrates nicht unerheblich ein. Der Verwaltungsrat muss sich gemäss Art. 717 Abs. 2 OR *nichtwillkürlich*, d.h. *sachlich begründet* und in der Leitlinie seines Handelns *konsequent* verhalten. Er darf z.B. nicht grundlos

- die Übertragungsgesuche der ihm nahestehenden *Mehrheit* grundsätzlich *genehmigen* und jene der Minderheit unter Abgabe eines Ankaufsgebotes zulasten der Gesellschaftskasse *grundsätzlich ablehnen*;

- die Aktien von verkaufswilligen *Minderheitsaktionären* stets ankaufen und sie dann schlicht an die *Mehrheitsaktionäre* weiterverkaufen;

- einzelne Aktionäre oder Minderheitsgruppen auf andere Weise *diskriminierend* behandeln.

Er darf wegen Art. 717 OR nicht eine vom Gesellschaftsinteresse her sachlich nicht gerechtfertigte oder unbegründet rechtsungleiche «*Ankaufs- und Abgabepolitik*» im Interesse der Mehrheitsgruppe betreiben.

(iv) *Das Ankaufsverfahren kann dazu führen, dass die Mehrheitspartei ihre Mehrheit verliert:* Die aufgekauften Aktien gehen nicht allein an die übernahmewilligen Mitglieder der Mehrheitspartei oder eines ABV, sondern – vorbehältlich besonderer Situationen – an alle Aktionäre nach Massgabe ihres Aktienbesitzes. Damit kann die Mehrheitspartei unter 50% sinken.

---

[20] Art. 717 Abs. 2 OR 1991. Dazu PETER BÖCKLI (1996) Rz 391 ff. und 1656.

Vergleich der Endverteilung der übernommenen Aktien

| ABV | ↙ Es halten am Schluss: ↘ | OR |

gemäss Vorkaufs- oder Vorhandrecht des ABV (Verteilung nur auf B und C)				gemäss Ankaufsverfahren Art. 685b Abs. 1 (Verteilung auf B bis G)			
A.	0 %	=	0 %	A.	0 %	=	0 %
B.	10 % + 4.31 %	=	14.31 %	B.	10 % + 1.78 %	=	11.78 %
C.	25 % + 10.79 %	=	35.79 %	C.	25 % + 4.44 %	=	29.44 %
	Zusammen hält der ABV		50.1 %		Zusammen hält der ABV		41.22 %
D.		10 %		D.	10 % + 1.78 %	=	11.78 %
E.	unveränderte Beteiligung	10 %		E.	10 % + 1.78 %	=	11.78 %
F.		10 %		F.	10 % + 1.78 %	=	11.78 %
G.		19.9 %		G.	10 % + 3.54 %	=	23.44 %
	Zusammen halten sie		49.9 %		Zusammen halten sie		58.78 %

Folge: Nach Art. 685b *geht die Mehrheit auf die Aktionäre D, E, F und G über!*

Abb. 9

(v) **Im Ankaufsverfahren gibt es keine Rechte und Pflichten der Aktionäre in ihrem gegenseitigen Verhältnis:** Das Ankaufsverfahren des Art. 685b OR bindet die Aktionäre nicht gegenseitig, d.h. «horizontal». Alle Rechte und Pflichten bestehen nur im Verhältnis zwischen den einzelnen Aktionären und der juristischen Person (der Aktiengesellschaft), d.h. «vertikal».

(vi) **Jeder aktienrechtlich begründete Ablehnungsentscheid des Verwaltungsrates ist gerichtlich anfechtbar:** Als weiterer Nachteil des Ankaufsverfahrens sind die Entscheide gerichtlich anfechtbar. Es geht nicht um eine Anfechtungsklage gegen einen Beschluss im Sinne von Art. 706 OR, sondern um eine *Leistungsklage* gegen die Gesellschaft durch den abgewiesenen Dritterwerber oder den Aktionär, dem die Zustimmung verweigert wurde[21]. Ganz klar ist die Aktivlegitimation des Veräusserers, der mit der Ablehnung und dem Angebot des «wirklichen Wertes» eventuell um einen hohen ausserordentlichen Kapital-

---

[21] PETER BÖCKLI (1996) Rz 674, 697 f.; HANSPETER KLÄY (1997) Kapitel 13.2.9. FORSTMOSER/MEIER-HAYOZ/NOBEL (1996) § 44 N 253a erwähnen nur den «zu Unrecht Abgelehnten», doch ist der Aktionär selbst auf jeden Fall klageberechtigt.

gewinn gebracht wird[22]; aktivlegitimiert ist aber auch der abgewiesene kaufwillige Dritte[23].

Hanspeter Kläy hat in diesem Zusammenhang die Theorie aufgestellt, der Verwaltungsrat dürfe vom Ankaufsverfahren des Art. 685b Abs. 1 OR – über das relative Gleichbehandlungsprinzip hinaus – überhaupt nur Gebrauch machen, wenn der Ablehnungsentscheid *im Einzelfall im Interesse der Gesellschaft sachlich begründet* ist[24]. Dies ginge zu weit. Würde dieser Gedanke von den Gerichten übernommen, so wäre das 1991 eingeführte Ankaufsverfahren im Kern in Frage gestellt: wir hätten nicht mehr eine mehr oder weniger freie Handlungsmöglichkeit des Verwaltungsrates (unter dem Willkürvorbehalt). Es wäre ein auf Angemessenheit im Einzelfall gerichtlich frei überprüfbarer Akt im ausschliesslichen Interesse der Gesellschaft, womit der ganze Gedanke einer «escape clause» praktisch vereitelt wäre.

Umgekehrt ginge wiederum der Gedanke von *Alain Hirsch* zu weit, wonach man in den *Statuten* eine *Ablehnungspflicht* des Verwaltungsrates verankern könne, wenn immer dem veräusserungswilligen Aktionär die Auszahlung des wirklichen Wertes von andern Aktionären garantiert wird. Das Recht des Aktionärs, im Normalfall zu den von ihm gewählten Konditionen an den Erwerber seiner Wahl zu veräussern, ist vorrangig, so lange nicht *entweder* ein «wichtiger Grund» entgegensteht *oder* der Verwaltungsrat im Einzelfall aus nicht willkürlichen Gründen einen Ablehnungsentscheid trifft.

Fazit: Der Gedanke, ein Erwerbsrecht unter Aktionären durch das Ankaufsverfahren des Art. 685b OR zu verwirklichen, hat Vorteile, aber auch grosse Nachteile. Der ABV bleibt daher als Ort der Verankerung von Aktienerwerbsrechten aktuell.

---

[22] Vgl. HANSPETER KLÄY (1997) a.a.O.
[23] Das wird teilweise bestritten, weil der Dritterwerber zufolge von Art. 685c Abs. 1 OR 1991 im Augenblick des Ablehnungsentscheides noch gar keine Aktionärsrechte hat. Das ist aber eine petitio principii: obsiegt er, so zeigt sich, dass er rechtlich diese Stellung hätte zugestanden erhalten müssen. Die Gesellschaft kann nicht aus dem vom Gericht abzuklärenden Unrecht Rechte ableiten.
[24] HANSPETER KLÄY (1997), vor allem Kapitel 8.44.

C. Die Frage statutarischer Vorkaufs- und Vorhandrechte

Bevor die in einem ABV verankerten Erwerbsrechte vertieft werden, ist darauf hinzuweisen, dass die Idee naheliegt, die Vorteile der *«quasi-dinglichen Absicherung»* von Erwerbsrechten unter Aktionären durch die Aufnahme einer eigentlichen *Vorkaufs- oder Vorhandregelung in die Statuten* zu verwirklichen. Dies war denn auch unter dem alten Aktienrecht gang und gäbe.

1. Der neue Art. 685b Abs. 7 OR als Garantie minimaler Übertragbarkeit

Statutarische Vorkaufsrechte, die über eine nähere Ausgestaltung des Ankaufsverfahrens von Art. 685b OR klar hinausgehen, *sind nach neuem Aktienrecht nicht mehr möglich.*

Statuten einer Aktiengesellschaft sind dazu da, körperschaftsrechtliche Regelungen für das Verhältnis der juristischen Person zu ihren Mitgliedern aufzustellen, sie enthalten nicht Bindungsnormen im Verhältnis *zwischen* diesen Mitgliedern. Die Wirkung der Statuten ist rein körperschaftsrechtlich. Übertragungsbeschränkungen können sich – da es *Nebenleistungspflichten* der Aktionäre im Schweizer Recht nicht gibt – nur auf die *Vinkulierungsartikel* des Gesetzes abstützen. Der verkaufswillige Aktionär kann insbesondere nicht durch die *Statuten* dazu gezwungen werden, seine Aktien – statt dem echt interessierten und zahlungsfreudigen Dritterwerber X. zum frei ausgehandelten Preis – zu einem Formelpreis dem mürrischen und zahlungsschwachen Aktionär B. oder C. anzubieten. Bei näherer Analyse wird es offensichtlich: ein echtes Vorkaufsrecht lässt sich in Tat und Wahrheit nur mit *sehr erheblichen Pflichten*, *Belastungen* und *Freiheitsbeschränkungen* des jeweils belasteten Aktionärs konstruieren[25]. Art. 680 Abs. 1 OR verbietet statutarische Bindungen und Verpflichtungen. Die Vinkulierungsregelung von Art. 685b Abs. 7 OR ihrerseits schliesst statutarische Übertragungsbeschränkungen, die über das Ankaufsverfahren des Abs. 1 und die

---

[25] Das hat sich in der Debatte seit 1992 mehr und mehr herausgeschält, vgl. zusammenfassend HANSPETER KLÄY (1997) 15.1.8, insb. Anm. 114.

beiden «*wichtigen Gründe*» des Abs. 2[26] hinausgehen, ausdrücklich aus[27]. Dieser Absatz, über den anfänglich geradezu hinweggelesen worden ist, ist der Schlussstein im Gewölbe der Vinkulierung für nichtkotierte Aktien: er sichert das vorrangige Rechtsgut einer *minimalen Übertragungsfreiheit* des Aktionärs. Nicht nur statutarische Vorkaufsrechte, sondern auch statutarische *Vorhand*rechte sind unzulässig, ausser wenn der Erwerbspreis dem wirklichen Wert entspricht und – falls diese wichtige Grundbedingung erfüllt ist – sie als nähere Ausgestaltung des Ankaufsverfahrens von Art. 685b Abs. 1 OR verstanden werden können.

2. Das Ende der Übergangsfrist (30. Juni 1997)

Die *fünfjährige Frist* des Übergangsrechtes ging am 30. Juni 1997 zu Ende[28]. Hinsichtlich des Schicksals von altrechtlichen, mit dem neuen Recht «*unvereinbaren*»[29] statutarischen Kaufs- oder Vorkaufsrechten ist vieles, aber noch nicht alles geklärt[30]:

(i) Auf jeden Fall wurde am 1. Juli 1997 die Vinkulierungsklausel «*Ablehnung ohne Angabe von Gründen*» wirkungslos[31]. Das scheint unbestritten zu sein.

(ii) Damit aber wird der *rechtliche Anker* vieler, ja der meisten Vorkaufs- und Kaufsrechtsregelungen in den Statuten aus dem Grund gerissen.

---

[26] «*Gesellschaftszweck*» und «*Erhaltung der wirtschaftlichen Selbständigkeit des Unternehmens*».

[27] So die eine Meinung vom *Verfasser* in (1993) 491 ff. dargelegt wurde, in Abweichung von CHRISTIAN J. MEIER-SCHATZ (1992) 226 und u.a. DU PASQUIER/OERTLE (1994) Art. 685b N 20. Wie hier HANSPETER KLÄY, a.a.O.

[28] Vgl. hiezu auch PETER FORSTMOSER (1997) 87.

[29] So ausdrücklich Art. 2 Abs. 3 Schl.Best. OR 1991.

[30] Für den Fall, dass statutarische Vorkaufs-, Vorhand- und Kaufsrechte nach dem *1. Juli 1997* in den Statuten stehen geblieben sind, werden verschiedene «*Auffangtheorien*» erwogen: (1) Man kann sagen, auch eine wie auch immer geartete, nach neuem Recht unzulässige Erwerbsrechtsregelung in den Statuten mache die Namenaktien jedenfalls zu «*vinkulierten Namenaktien*» auch noch nach neuem Recht. Dann ist der Ankaufsmechanismus des Art. 685b Abs. 1 OR als «Auffangnetz» anwendbar. (2) Gewisse Juristen sagen, solche Statutenklauseln hätten *Vertragscharakter*, würden daher von Art. 2 Abs. 3 Schl.Best. 1991 nicht erfasst und wurden am Stichtag des 1. Juli 1997 und Art. 2 Abs. 3 Schl.Best. in ihrer Wirksamkeit gar nicht beeinträchtigt. (3) Noch andere suchen das Heil in Art. 1 Schl.Best. ZGB («*altes Recht für alte Tatsachen*»), der in diesem Punkt dem Art. 2 Abs. 3 Schl.Best. OR 1991 *vorgehe*.

[31] Nach Art. 686 Abs. 2 OR 1936.

Fast alle heute vorkommenden statutarischen Vorkaufs- und Vorhand-rechte bauen strukturell auf der Möglichkeit der Ablehnung «ohne Angabe von Gründen» auf. Nach dem Wortlaut des Übergangsrechtes ist daher zu befürchten, dass die altrechtlichen statutarischen Erwerbs-rechte am 1. Juli 1997 *schlicht ausser Kraft getreten sind.*

(iii) Ob die *Rettungstheorie* – die Vorkaufsrechte seien Verträge im Sta-tutengewand[32] – helfen kann, ist ungewiss. Diese Theorie ist jedoch zweifelhaft, weil es nicht nur am Kontrahierungswillen subjektiv man-gelt, sondern auch objektiv an der Eignung eines Statutengefässes für vertragliche Bindungen.

(iv) Dazu kommt, dass bei näherem Zusehen eine Grosszahl der unter dem alten OR in die Statuten geschriebenen Vorkaufs- und Vorhandrechte *unvollständig*, *unklar* oder *widersprüchlich* formuliert sind, so dass Streit selbst dann so gut wie programmiert ist, wenn sie teilweise den 1. Juli 1997 überlebt haben sollten.

Grund genug für den Praktiker, sich umso intensiver mit den Möglichkeiten einer *vertraglichen Verankerung* von Vorkaufs-, Vorhand- und Kaufsrech-ten zu befassen: mit dem Einbau von Erwerbsrechten in einen ABV.

IV. Ausgestaltung von Erwerbsrechten in einem ABV

Bei der Ausgestaltung eines *vertraglichen Erwerbsrechtes* in einen ABV sind eine Vielzahl von rechtlichen Problempunkten zu beachten. Zu jeder der Erscheinungsformen sollen deshalb – im Sinne einer *Checklist* – die wichtigsten Probleme und Lösungsansätze aufgezeigt werden.

A. Vorkaufsrecht

Ein *«klassisches Vorkaufsrecht»* ist – es sei vorausgeschickt – erheblich *leichter* zu redigieren als ein Vorhandrecht. Der Redaktor des ABV muss u.a. zu folgenden Punkten Entscheide fällen:

---

[32] Vgl. vorletzte Anmerkung (30).

1. Essentialia

Im Gegensatz zum Vorhandrecht (siehe unten) ist die Festlegung der *Essentialia* nicht Sache des Redaktors eines Vorkaufsrechts im ABV. Der Kaufvertrag mit dem Dritten muss *seinerseits alle Essentialia* eines gültigen Kaufvertrages (oder eines kaufsähnlichen Veräusserungsvertrages) enthalten, damit der Vorkaufsfall eintritt, das Vorkaufsrecht ausgelöst wird. Der Vertrag mit dem Dritten muss mindestens Bestimmungen enthalten über:

- Kaufgegenstand (die Aktien)
- Käufer und Verkäufer
- Kaufpreis.

Der Kaufpreis kann dabei auch bloss *bestimmbar* sein (Kaufpreisformel). Gibt es keine weiteren vertraglichen Festlegungen über die Konditionen, so gilt «gute Lieferung sofort Zug um Zug gegen bar».

2. Preislimitierung

Wird im ABV das Vorkaufsrecht *limitiert*, so tritt an die Stelle des effektiv mit X. ausgehandelten Vertragspreises eine *Kaufpreisformel* des ABV (oder, seltener, eine absolute Preislimite). Dies nähert die Ausgestaltung dem Vorhandrecht an und bringt einen *Zwitter:* alle Konditionen des Drittkaufvertrages gelten, *ausser ausgerechnet die wichtigste.* Ergebnis: Dem Veräusserer C. wird jede Möglichkeit gekappt, von einem starken Übernahmeinteresse des Dritten zu profitieren und einen zusätzlichen Kapitalgewinn zu erzielen.

3. Freistellung bestimmter Fälle vom Vorkaufsrecht

Fast immer gibt es Fälle, die vom Vorkaufsrecht vertraglich *ausgeklammert* werden, so z.B. Verkäufe in der engsten Familie oder innerhalb des ABV.

4. Auslösung

Ein Vorkaufsrecht wird nur durch den «*Vorkaufsfall*» ausgelöst – durch den Abschluss eines Kaufvertrages (oder eines kaufsähnlichen Vertrages) mit einer Gegenpartei. Der ABV sollte die Fälle näher bestimmen (z.B. hinsichtlich der Fälle des Verkaufs unter den Konsorten, in der Familie, Erbteilung, Abtretung an Zahlungsstatt oder Einbringung in eine Gesellschaft). *Keine* Vorkaufsfälle sind auf jeden Fall:

- Schenkung (oder Abtretung auf Anrechnung an den Erbteil);
- Erbgang (umstritten ist der Fall der Erbteilung);
- Bestellung einer Nutzniessung (ausser im Umgehungsfall);
- Verpfändung.

5. Abwicklung gemäss dem Drittkaufvertrag

Für die Abwicklung gilt für den Fall der Ausübung des Vorkaufsrechtes durch B. oder C. der *Drittvertrag* mit X. (ob das den Konsorten passt oder nicht). Wirtschaftlich ist es ein *Eintritt* von A. und B. in den abgeschlossenen Kaufvertrag.

6. Störungen der Vertragsabwicklung

a) *Unbedingter Vertragsschluss*: Eine erste Störung der Vertragsabwicklung liegt vor, wenn der vorkaufsbelastete Konsorte den Vertrag mit dem Dritterwerber *unbedingt abschliesst* (d.h. ohne ausdrücklichen Vorbehalt des Vorkaufsrechtes der andern Konsorten). Der Schaden ist gering, wenn die Gesellschaft den Dritterwerber ablehnt: dann ist der ABV-widrige Verkauf der Aktien nach Art. 685c Abs. 1 OR wirkungslos. Sind jedoch die Aktien statutarisch nicht vinkuliert, oder stimmt die Gesellschaft auf der körperschaftlichen Ebene der Übertragung zu (vielleicht in Unkenntnis des Vorkaufsrechts), *so ist das Vorkaufsrecht verletzt*. Der Dritte wird *Aktionär*, und die geprellten Vorkaufsberechtigten sind auf *Schadenersatz* verwiesen, wenn die vertraglichen Absicherungsmethoden versagt haben.

b) *Abwicklungsstörungen*: Kommt es bei der Abwicklung des Kaufvertrages, in den die Konsorten kraft Ausübung des Vorkaufsrechtes eingetreten sind, zu *Störungen* (z.B. Grundlagenirrtum, Mängelrüge, Auslegungsstreitigkeiten, Lieferungs- oder Zahlungsverzug), so entscheidet der mit dem Dritten ausgehandelte Kaufvertrag, wie auch immer dieser im Detail lautet.

7. Zuteilungsregeln

Die *Zuteilungsregeln* für die im Angebot liegenden Aktien müssen im ABV selbst geregelt werden. Der Drittkaufvertrag enthält dazu naturgemäss gar nichts. Normal ist die Regel der Zuteilung *«nach Massgabe des Aktienbesitzes»*. Möglich sind auch *Kaskadenregelungen*, die ein Vorrecht einer besonderen Gruppe (z.B. den Konsorten, die zum gleichen Familienzweig gehören) zuweisen, und nur den nicht übernommenen Überrest in eine *«zweite Runde»* gehen lassen. Dies verlangt eine sorgfältige Redaktion des Vorganges.

8. Anwachsen

Der ABV sollte klarstellen, was mit den Aktien geschieht, die einem Konsorten zustehen, von diesem aber *verschmäht* werden («Nichtausübung des Vorkaufsrechtes»). Die *Anwachsungsregel* (Akreszenz) ist bewährt, verlangt aber meist Einzel- und Fristenregelungen.

9. Gesamtausübungsklauseln

Um ein *«Rosinenpicken»* zu verhindern, das den veräusserungswilligen Konsorten am Schluss mit teils verkauften, teils nicht verkauften Aktien zurücklässt, kann der ABV klarstellen, dass

(i)   jeder Berechtigte mit seiner Ausübungserklärung nur die *Gesamtheit* der ihm zustehenden Aktien oder gar keine übernehmen kann;

(ii) das Vorkaufsrecht am Schluss als *insgesamt nicht ausgeübt gilt*, wenn aus irgendwelchen Gründen *nicht alle* im Angebot stehenden Aktien des veräusserungswilligen Konsorten vertragsgemäss angekauft werden[33].

10. Abtretbarkeit

Das in einen ABV eingebaute Vorkaufsrecht ist an die Konsortenstellung gebunden und *nicht selbständig abtretbar*.

---

[33]   Vgl. zu dieser Problematik im Falle des aktienrechtlichen Ankaufsverfahrens des Art. 685b Abs. 1 OR FORSTMOSER/MEIER-HAYOZ/NOBEL (1996) § 44 N 167.

11. Dauer

Das Vorkaufsrecht dauert *so lange wie der ABV*, im typischen Fall 10, 15 oder 20 Jahre. Längstfristige Bindungen bringen jedoch erhebliche rechtliche Probleme mit sich[34].

B. Vorhandrecht und bedingtes Kaufsrecht

Vom Vorkaufsrecht ist das *Vorhandrecht* zu unterscheiden («right of first refusal»). Die *Vorhandrechte* (Angebotspflicht des einen, Kaufsrecht des andern) und die *bedingten Kaufsrechte* (Auslösung des Übernahmerechtes durch etwas *anderes* als eine blosse Veräusserungsabsicht) sind *anspruchsvoller* als das klassische Vorkaufsrecht. Hier gibt es keinen Drittkaufvertrag, der die Essentialia regeln würde und der für die Abwicklung und im Falle von Leistungsstörungen massgeblich sein könnte. Vor allem auch die *Auslösung* selbst, die beim Vorkaufsrecht als «Vorkaufsfall» vorgegeben ist, muss hier genau im Vertrag umschrieben werden. (Die übrigen Punkte der Checklist sind mit den Ausführungen zum Vorkaufsrecht identisch).

1. Essentialia, vor allem die Preisformel

Während die Bestimmung des *Gegenstandes* (Aktien) und der berechtigten und verpflichteten *Parteien* meist keine Schwierigkeiten bringt, ist hier die *Preisformel*[35] allentscheidend – sie ist das Herzstück der ganzen Regelung. Drei Fallgruben gibt es:

a) Bestimmbarkeit des Preises

Die Klausel für die Preisbestimmung muss den Anforderungen an einen **bestimmbaren Preis in einem Kaufvertrag entsprechen:** Oft wird für den massgeblichen Wert ein Begriff gewählt, der als durch die bundesgerichtliche Praxis gesichert gelten kann:

---

[34] Vgl. BÖCKLI/MORSCHER (1997) 58 ff.

[35] Der Fall, dass der ABV einen *absoluten Betrag* ohne jede Anpassungs- oder Bewertungsformel nennt, kann wohl (ausser in einem kurzfristigen ABV) als unrealistisch beiseite gelassen werden.

– «*wirklicher Wert*»,

– «*innerer Wert*», oder gegebenenfalls sogar

– «*Steuerwert*»[36] (im Sinne des Steuerwertes, der nach der «Wegleitung»[37] für die periodische Vermögenssteuer von den Steuerbehörden obrigkeitlich festgelegt wird).

Präzisierungen sind jedoch unbedingt zu empfehlen. Probleme bietet vor allem der Begriff «Steuerwert»: In einem solchen Fall sollte zur Vermeidung von Unklarheiten angegeben werden, ob der Steuerwert im Sinne des «anteiligen Unternehmenswertes» (*vor* Abzug des Minderheitsabzugs von 30%) oder der für die Steuererklärung effektiv massgebliche «Steuerwert» *nach* diesem Abzug gemeint ist. Im Zweifelsfall wird man annehmen müssen, dass der Steuerwert *nach* Minderheitsabzug gemeint ist, falls die Konfiguration einen solchen überhaupt gestaltet.

Manchmal wünschen die Parteien einen im Vertrag *definierten besonderen Wert*. Es empfiehlt sich, dafür eine *Bewertungsformel* ausdrücklich zu umschreiben, die mehrere *Eckpunkte* klärt:

(i)   welche *Elemente* (Ertrag, Substanz nach Fortführungsgrundsatz) sollen bestimmend sein;

(ii)   wie sollen diese Elemente gegebenenfalls *gewichtet* werden;

(iii) welche *Basisjahre* sollen für die Bewertung massgebend sein;

(iv) wie soll der *Kapitalisierungszinsfuss* bestimmt werden (Marktzins mit bestimmten Zuschlägen für Immobilisierung und Risiko sowie relative Illiquidität der Aktien);

(v)   wie ist das *nichtbetriebsnotwendige* Vermögen zu berücksichtigen.

Die Meinung ist zu hören, man könne die in Art. 685b Abs. 1 OR enthaltene «*Garantie des wirklichen Wertes*» auch auf die *Vertragssphäre*, d.h auf die Kaufrechte in einem ABV, übertragen. Das Gegenteil ist richtig und scheint

---

[36] Der «*Steuerwert*», der für die periodisch erhobene Vermögenssteuer von der Steuerverwaltung festgesetzt wird, kann als massgeblicher Wert für ein Kaufrecht gewählt werden. Etwas ganz anderes ist der «wirkliche Wert» gemäss Art. 663b Abs. 1 OR in der «escape clause».

[37] «*Wegleitung zur Bewertung von Wertpapieren ohne Kurswert für die Vermögenssteuer*», herausgegeben von der Konferenz staatlicher Steuerbeamter und der Eidg. Steuerverwaltung, Ausgabe 1995.

auch die herrschende Auffassung zu sein[38]. Selbst wenn die Preisformel auf einen ausgesprochen *niedrigen* Preis abzielt, wie es häufig vorkommt, muss man der *Vertragsfreiheit* ein weites Feld einräumen. Nur im äussersten Fall bieten Art. 27 ZGB einerseits und die gesetzliche Regelung der Konventionalstrafe anderseits Schranken. Als Faustregel wird man sagen können, dass bei *50%* des nach üblicher Praktikermethoden bestimmten «*inneren Wertes*» wohl eine untere Schwelle liegt; was darunter liegt, ist je nach den Umständen *vermutungsweise* entweder eine unechte Konventionalstrafe oder eine unzulässige Entäusserung.

b) Unechte Konventionalstrafe

Bei Preisfestsetzungen unter 50% und vor allem weit unter 50% des «*inneren Wertes*» – Sondersituationen ausgenommen – kann sich nicht nur die Frage einer unzulässigen Fesselung der Vertragspartei unter Art. 27 ZGB oder einer «laesio enormis», sondern auch diejenige nach der *unechten Konventionalstrafe* stellen. Von einer *unechten Konventionalstrafe* spricht man, «wenn jemand, ohne sich zu einer Leistung zu verpflichten, für den Fall, dass er diese Leistung nicht freiwillig vornimmt, eine Geldsumme verspricht»[39]; sie ist also auch gegeben, wenn jemand, ohne sich zu einer *Unterlassung* zu verpflichten, für den Fall, dass er die unerwünschte Handlung vornimmt, eine Geldsumme verspricht.

Eine *unechte Konventionalstrafe* ist rechtlich problematisch[40]. In Wirklichkeit fehlt es ausgerechnet an der eine Konventionalstrafe legitimierenden *Vertragsverletzung*[41], denn das Vorhandrecht erlaubt ja grundsätzlich eine Veräusserung. Immerhin: gerade durch den Wertabschlag, der über jeden noch zu rechtfertigenden Ermessensspielraum hinausgeht, wird ein ähnliches Ergebnis erzielt wie durch ein Veräusserungsverbot. Die Ansetzung eines spoliativen Übernahmepreises wirkt in einem solchen Extremfall als Quasiverbot und als Konventionalstrafe zugleich. Ist der massgebliche Preis z.B. 30% des nach anerkannten Methoden ermittelten inneren

---

[38] Eine funktionale Betrachtung zeigt: die «Mindestpreisgarantie» des wirklichen Wertes ist ein Eckstein im Gebäude der *Vinkulierung* und nur dort nötig: die Gesellschaft selbst soll den wirklichen Wert bieten müssen, wenn sie körperschaftsrechtlich eine Transaktion ohne wichtigen Grund verhindert. Diese Konstellation ist im ABV in keiner Weise gegeben.
[39] VON THUR/ESCHER (1974) 286.
[40] Vgl. HERMANN BECKER (1941) Art. 163 N 26; VON THUR/ESCHER (1974) 286/87; ROLAND BENTSCH (1994) 12, 134.
[41] Der Normtatbestand des Art. 160 Abs. 1 OR ist nicht erfüllt.

Wertes, so verhält es sich ähnlich, wie wenn man in einer Vertragsklausel als Übernahmepreis 100% des inneren Wertes festgesetzt und anderswo eine Konventionalstrafe in Höhe von 70% dieses Wertes für denjenigen Konsorten festgeschrieben hätte, der «*in Verletzung des Grundgedankens des ABV*» sich von seinen Aktien trennen will. Der Abtrünnige wird dafür gewissermassen «bestraft», dass er «untreu» wird und damit die anderen Konsorten in die *Zwangssituation* versetzt, entweder kurzfristig weitere erhebliche Geldmittel aufzubringen oder die Aktien an Dritte abwandern zu lassen.

Wegen der einer echten Konventionalstrafe ähnlichen Wirkung wird zu Recht das richterliche Herabsetzungsrecht[42] auch im Falle der «unechten» Vertragsstrafe befürwortet. Der Richter wägt das Ausmass des Eingriffs in die Vermögenssubstanz des veräussernden Konsorten ab gegen das Bedürfnis der fortsetzungswilligen Konsorten, um ein Abwandern der gebundenen Aktien zu erschweren. Auf diese Weise lässt sich per analogiam eine richterliche *Korrektur* eines im ABV objektiv allzu tief festgesetzten Ausübungspreises vornehmen[43], ohne dass die Preisfestsetzung als solche – und damit ein Essentiale der ganzen Regelung – in ihrer Gültigkeit in Frage gestellt würde.

Aus der näheren Betrachtung der Situation ergibt sich eine weitere Eigenart der unechten Konventionalstrafe: Durch sie werden am Schluss nicht alle verbleibenden Konsorten begünstigt, sondern automatisch *nur jene, die kaufen* und daher wegen der Preisformel – durch den extrem niedrigen Kaufpreis – wirtschaftlich das bekommen, was dem «Abtrünnigen» entzogen wird. Diese zunächst als stossend empfundene Zuordnung des Erlöses aus der unechten Konventionalstrafe lässt sich freilich dadurch rechtfertigen, dass gerade jene durch den Veräusserungsentschluss des Abtrünnigen betroffen und «geschädigt» wurden, welche die Liquidität für den Ankauf gegen ihren Willen kurzfristig aufbringen mussten.

c) **Das Preisermittlungsorgan**

Nötig ist sodann ein von den Parteien verschiedenes, unabhängiges *Ermittlungsorgan* für die Festlegung des massgeblichen Aktienpreises: Auf keinen Fall darf der ABV die Festlegung des für die Parteien verbindlichen Preises

---

⁴² Art. 163 Abs. 3 OR.
⁴³ Art. 163 Abs. 3 OR.

(i)   *einer der Parteien selbst* oder

(ii)   einem *Konsortialorgan*

zuweisen; eine solche Klausel wäre nichtig[44]. Es geht in Wirklichkeit um eine echte Schiedsgutachterklausel. Die Betrauung der jeweiligen Revisionsstelle der Gesellschaft mit der Bewertung durch den ABV ist nicht problemfrei. Die Konsorten nehmen damit eine sog. «dynamische Verweisung» vor, d.h. sie unterstellen sich ohne jedes anwendbare Leitprinzip dem künftigen Willensakt eines Dritten – hier der Wahl der Revisionsstelle durch die Generalversammlung –, einem Akt, der sich später unkontrollierbar gegen ihre wohlverstandenen Interessen wenden kann. Dennoch ist eine solche Gestaltung – im Gegensatz zur Preisbestimmung im Ankaufsverfahren des Art. 685b Abs. 1 OR – wohl denkbar und gültig[45].

2.   Auslösung des Vorhandrechtes

Die genaue Umschreibung der Auslösung ist, wie erwähnt, bei den Vorhandrechten (und den bedingten Kaufsrechten) von *ausschlaggebender Bedeutung*. Ist eine Auslösung essentiell auf den Tod bedingt, stellt sich die (leidige) Frage der *erbvertraglichen Form;* normalerweise ist die Frage jedoch klar zu verneinen. Ein ABV ist im Kern ein Vertrag unter *Lebenden*, der *nicht* in der Hauptsache auf Rechtsgeschäfte von Todes wegen abzielt. Auch wo die Preisformel zu relativ niedrigen Werten führt, kann im gesamten Flechtwerk der ja gegenseitig eingeräumten Erwerbsrechte keine verkappte Schenkung (bzw. keine verkappte gemischte Schenkung) von Todes wegen erblickt werden.

3.   Einzelheiten der Abwicklung

Da es an einem Drittkaufvertrag fehlt, muss der *ABV selbst* alle diese Fragen des Vorhandrechtes (d.h. der Anbietungspflicht) regeln, so dass in ihm ein *vollständiger Optionsvertrag* enthalten sein muss. Hierzu gehören insbesondere auch Zahlungsbedingungen, Zahlungsfristen und gegebenenfalls

---

[44]   Dies wurde von einem dem *Verfasser* bekannten Schiedsurteil aus dem Jahre 1993 so entschieden.

[45]   Bei der Bestimmung des «*wirklichen Wertes*» im vinkulierungsrechtlichen Ankaufsverfahren des Art. 685b OR ist die Gesellschaft Partei, und die Revisionsstelle ist ihr Organ; PETER BÖCKLI (1996) Rz 708.

die Sicherstellung des geschuldeten, aber noch nicht fälligen Teils der Kaufpreisschuld.

4. Störungen in der Vertragsabwicklung

a) Gerade auch Störungen in der Vertragsabwicklung lassen sich nur anhand der Bestimmungen des ABV bewältigen; ein selbständiger «*Drittkaufvertrag*» (wie beim klassischen Vorkaufsrecht) liegt ja nicht vor. Beim Vorhandrecht besteht die Gefahr, dass der Belastete – ähnlich wie beim Vorkaufsrecht – *ohne Notifikation* kurzerhand ein Veräusserungsgeschäft vertragsbrüchig mit dem Dritten abschliesst und die Aktien abtritt. Dies kann in extremen Fällen sogar noch *nach* der Notifikation wegen der Unzufriedenheit mit der Bewertung der Aktien geschehen.

b) *Verzugsfolgen* etc. richten sich nach dem Kaufsrecht, wenn der ABV nichts weiteres enthält.

5. Aufteilungsregeln und Anwachsen; Abtretbarkeit und Dauer

Diese sind analog wie beim Vorkaufsrecht zu behandeln.

6. Erschöpfung des Vorhand- oder Kaufsrechtes durch Ausübung?

Normalerweise ist ein Vorhand- oder Vorkaufsrecht – als Gestaltungsrecht – ein «*one time thing*». Sinngemäss gilt indessen in dem auf Dauer angelegten ABV genau das *Gegenteil*: jeder von vielen zeitlich aufeinanderfolgenden definierten Fällen löst im Konsortium das Erwerbsrecht aus.

In der Regel stellt man im ABV klar, dass, wenn das Erwerbsrecht nicht oder nicht gültig ausgeübt worden ist, der veräusserungswillige Konsorte berechtigt ist, während einer *bestimmten Zeitspanne* (z.B. während sechs Monaten) zu einem *beliebigen* Preis an Dritte zu verkaufen. Besonders strenge ABV sehen für diese Veräusserung – wenn es ein Verkauf ist – als zweite rechtliche «Schicht» *nochmals ein unlimitiertes Vorkaufsrecht* der Konsorten vor. Dieses «*Vorhandrecht mit nachgeordnetem Vorkaufsrecht*» soll den Fall abdecken, dass der Konsorte nun am Schluss zur allgemeinen Überraschung viel *billiger* als zum Formelpreis an den Dritten verkauft. Denkbar ist auch, dass erst jetzt die Konsorten erkennen, was für ein grässlicher Dritterwerber da in den Kreis der Aktionäre eintritt. Hier sollen die Partner noch in den Vertrag mit dem Dritterwerber «eintreten» können.

7. Vertragsüberbindungspflicht

Vor allem bei *Vorhandrechten* trifft man die Klausel an, dass der veräussernde Konsorte, wenn die übrigen von ihrem Übernahmerecht *keinen* Gebrauch machen, **an den Dritterwerber nur unter Überbindung des ABV veräussern darf**. Eine solche Klausel bietet Probleme, die den Rahmen hier sprengen. Jedenfalls ist zweierlei zu beachten:

a) Eine solche Überbindungsklausel schränkt den *Kreis der noch in Frage kommenden Abnehmer* für die Aktien *ausserordentlich stark* ein. Sie geht daher einen weiteren Schritt in Richtung auf eine faktische Unveräusserlichkeit der Aktien. Denn für den Käufer ist der Eintritt in einen vorgegebenen ABV, zu dem er gestalterisch nichts beitragen kann und dessen Mitglieder ihm vielleicht sehr zuwider sind, ein gemischtes Vergnügen.

b) Es ist im ABV im Fall einer Überbindungsklausel klarzustellen, ob die verbleibenden Konsorten *den Dritten auch in den ABV aufnehmen müssen*, oder ob sie nach Art. 542 Abs. 1 OR ein voraussetzungsloses (oder je nach Wortlaut des ABV ein auf bestimmte Gründe eingeschränktes) *Ablehnungsrecht* gegenüber dem Dritterwerber haben. Die ABV schreiben manchmal ein Anforderungsprofil für Dritterwerber fest, die allein «würdig» sind, durch Überbindung in den Kreis der Konsorten und damit in den ABV einzutreten. Ein Dritterwerber, der die Kriterien erfüllt, muss aufgenommen werden.

8. Rücktrittsrecht des veräusserungswilligen Konsorten

Im *Ankaufsverfahren* des Vinkulierungsrechtes (Art. 685b OR) kann der veräusserungswillige Aktionär im Ergebnis am Schluss «*zurücktreten*»[46], wenn ihm der ermittelte «wirkliche Wert»[47] nicht passt oder er auch nur

---

[46] Er muss das ausdrücklich oder jedenfalls unzweideutig konkludent tun, sonst hat er nach *einem Monat* nach Kenntnis des «wirklichen Wertes» seine Aktien unwiderruflich verkauft, Art. 685b Abs. 6 OR.
[47] Art. 685b Abs. 4 OR.

nachträglich seinen Sinn ändert: Er nimmt das Angebot der Gesellschaft ganz einfach nicht an.

Kann nun der veräusserungswillige Konsorte auch im Verfahren des *Vorhandrechtes* gemäss ABV seine ursprünglich ins Verfahren eingeführten Aktien am Schluss doch behalten, wenn ihm nachträglich etwas nicht passt? Es ist Aufgabe des Vertragsredaktors, dies klarzustellen. Normalerweise ist der Konsorte *unwiderruflich verpflichtet*, seine Aktien zu den vertraglichen Konditionen an seine Mitgesellschafter abzutreten, sobald er den Veräusserungsentschluss einmal den Konsorten bekanntgegeben hat. In dieser Bindung liegt also ein weiterer, nicht unwesentlicher Unterschied zum Ankaufsverfahren des Art. 685b Abs. 1 OR.

9. Bezugsrechte bei Kapitalerhöhungen

Zu den Erwerbsrechten allgemein sei noch angemerkt, dass für den Fall einer *Kapitalerhöhung* die Zuteilung der *Bezugsrechte* im ABV zu regeln ist. Diese Vertragsklausel sollte die Regelung der Erwerbsrechte für diejenigen Konsorten, die vom Bezugsrecht nicht oder nicht vollständig Gebrauch machen, analog anwendbar erklären[48].

V. Vertragliche Übernahmepflicht («put-option»)

A. Das Problem

Die *Aktienübernahmepflicht* in einem ABV ist die problemreichste Regelung überhaupt. Effektiv liegt eine *Überlagerung von zwei Problemkreisen* vor:

(i) die vertragliche Ausgestaltung einer solchen Übernahmepflicht mit dem ihr gegenüberstehenden *«Verkaufsrecht»* von Konsorten im ABV muss praktisch allen *Anforderungen* entsprechen, die für die Vorkaufs-, Vorhand- und Kaufsrechte bestehen;

---

[48] Eventuell ist ein vereinfachtes Verfahren unter der Obhut des Konsortialleiters anzuordnen, da oft die Formalitäten des Erwerbsrechtes zu viel Zeit brauchen und schwerfällig sind.

(ii) dazu kommt nun aber die *eigentliche rechtliche Problematik* einer Belastung durch eine *langfristige Übernahmepflicht (put-option)*[49].

B. Die Übernahmepflicht in konkreter Ausgestaltung

In einem typischen ABV kann man etwa folgende Formulierung des Verkaufsrechtes (put-option) finden:

«(1) Die Konsorten A. und C. haben das Recht, ihre Z.-Aktien jederzeit durch schriftliche Erklärung dem Konsorten B. zu offerieren.

(2) In einem solchen Fall ist Konsorte B. verpflichtet, die ihm angebotenen Z-Aktien innerhalb von drei Monaten nach Zugang dieser Erklärung gegen Entrichtung des inneren Wertes zu übernehmen.

(3) Der innere Wert wird im Streitfall endgültig [von einem definierten Schiedsgutachter] festgelegt.»

Eine solche Übernahmepflicht des ABV ist vor allem unter drei Aspekten mit *Problemen* verbunden:

(i) **Die «put-option» ist teilweise in ihrer Wirkung versicherungsähnlich:** Der Vertrag ist zwar abstrakt so formuliert, dass die Übernahmepflicht sowohl bei geschäftlichem Erfolg wie bei Misserfolg der Z.-AG von A. und C. geltend gemacht werden kann. In Tat und Wahrheit aber wird ein solches Verkaufsrecht zu einem Formelpreis dann ausgeübt, wenn der Erfolg der Z.-AG zurückgeht, *die Konsorten A. und C. sich von ihren Aktien trennen möchten und in der Baisse niemand ihnen die Aktien abkaufen will.* In der Hausse nämlich brauchen sie die Übernahmepflicht nicht oder jedenfalls deutlich weniger, weil sich ein Interessent für die Aktien eher finden lässt. Im Ergebnis hat B. mit der Vertragsklausel die Konsorten A. und C. gegen die Unveräusserlichkeit und den weiteren Wertzerfall der Z.-Aktien in einer Phase sinkender Bewertungen versichert[50].

Wo finden wir dann aber die jährlich fällige *Risikoprämie* zulasten von A. und C.? Wer den Wert einer solchen Abnahmegarantie zu ermitteln sucht, kommt fast notwendigerweise zu erheblichen Optionsprämien, die entweder als Einmalzahlung oder als jährliches Entgelt

[49] Vgl. hierzu auch BÖCKLI/MORSCHER (1997) 58 ff.
[50] Vgl. auch BÖCKLI/MORSCHER (1997) 59.

an B. bezahlt werden müssten, um die Übernahme der wirtschaftlichen Belastung aus dem lang- oder längstfristigen «put» abzugelten.

(ii) *Die «put-option» belastet den Übernahmeverpflichteten einseitig*: Ist ein Erwerbsrecht auf Gegenseitigkeit eingeräumt, so gleichen sich die Belastungen, die durch diese Gestaltung jedem Konsorten entstehen, gegenseitig aus. Eine A. und C. nur berechtigende, B. nur belastende Übernahmepflicht dagegen stört den internen Wertausgleich im Verbund der drei Partner. B. muss nach der Formulierung vertraglich vom fünften Vertragsjahr an *jederzeit* bis zum Vertragsablauf *kurzfristig* für eine meist *konkret sehr hohe Summe zahlungsbereit* sein.

(iii) *Besonders belastend ist eine längstfristig unwiderrufliche Übernahmepflicht:* Der Markt schreckt nicht ohne Grund vor langfristigen, jedenfalls mehr als 5 Jahre in die Zukunft greifenden *«put»*-Geschäften zurück. In unserem Beispiel sei z.B. der «put» vom 6. Vertragsjahr an ausübbar. Hier wirkt sich nun auch eine anhaltende Erfolgsphase als grosse Belastung für B. aus: hat der Wert der Aktien sich bis ins Jahr 15, in dem z.B. der «put» ausgeübt wird, gegenüber dem Jahr des Abschlusses des ABV verzehnfacht, so steht B. vor einem beträchtlichen Liquiditätsproblem. Zwar hat seine Beteiligung von 20% ebenfalls von z.B. Fr. 2 Mio. auf Fr. 20 Mio. im Wert zugenommen, nicht deswegen aber seine Liquidität. Er muss überraschend zufolge der Ausübung des «put» im Jahre 15 bei entsprechenden Wertrelationen für die 40,1% der Konsorten A. und C. *innert drei Monaten insgesamt Fr. 40,1 Mio. bezahlen.*

C. Put-option des austretenden Konsorten («Übernahmepflicht der Verbleibenden»)

In ABV trifft man häufig – zu Recht – auf bestimmte Gestaltungen des *Austrittsrechtes*, das ja im Gesetz nicht direkt vorgesehen ist[51]. Es greift z.B. nach Ablauf der ersten fünf oder zehn Jahre ein, oder aus wichtigen Gründen. Das Gesetz bietet entgegen der Annahme von Laien bekanntlich als *ultima ratio* nur die gerichtliche Klage auf *Auflösung* der ganzen einfa-

---

[51] Nicht anwendbar ist auf einen ABV der Weg der Auflösungsklage gemäss Art. 736 Ziff. 4 OR.

chen Gesellschaft aus wichtigem Grund[52], nicht aber ein Austrittsrecht. Üblich ist nun, dass man den verbleibenden Konsorten im Austrittsfall ein *Kaufsrecht* auf die Aktien des ausscheidenden Konsorten einräumt. Verpflichtet ist der Austretende, berechtigt (aber nicht verpflichtet) sind jene, die das Vertragsverhältnis fortführen.

Nicht selten trifft man aber auch auf eine *eigentliche Übernahmepflicht*, eine put-option: die verbleibenden Konsorten *müssen* dem Austretenden, wenn dieser es wünscht, sämtliche Aktien zum vertraglichen Formelpreis gegen bar abnehmen. Eine solche *bedingte Übernahmepflicht* – die zunächst zwar aus dem Bemühen heraus, dem Ausgeschiedenen eine vollständige Bereinigung der Situation zu erlauben, verständlich ist – kann die verbleibenden Konsorten finanziell schwer treffen und ist rechtlich problematisch.

Anhang

Ein «historisches» Beispiel

Vinkulierung «ohne Angabe von Gründen» mit einem *statutarischen* Vorhandrecht (nach OR 1936)

« Art. 4 Übertragungsbeschränkung

(1) Die Aktien sind nur mit schriftlicher Abtretungserklärung übertragbar. Die Übertragung durch Indossament ist ausgeschlossen.

(2) Die Übertragung von Aktien zu Eigentum, zu Pfand oder zur Nutzniessung bedarf der Zustimmung des Verwaltungsrates sowohl hinsichtlich der Mitgliedschaftsrechte wie auch der Vermögensrechte.

(3) Der Verwaltungsrat kann die Zustimmung zur Übertragung *ohne Grundangabe verweigern*.

Art. 5 Vorhandrecht

(1) Bei der Veräusserung von Aktien durch einen Aktionär steht den Mitaktionären ein Vorhandrecht nach Massgabe ihres Aktienbesitzes zu. Von diesem Vorhandrecht ausgenommen sind Veräusserungen von Aktien an den Ehegatten oder an Nachkommen.

---

[52] Art. 545 Abs. 1 Ziff. 7 OR.

(2) Zur Wahrung des Vorhandrechtes hat der Veräusserer den Verwaltungsrat der Gesellschaft über seine Veräusserungsabsicht und den ihm in guten Treuen gebotenen Preis schriftlich zu benachrichtigen, worauf der Verwaltungsrat die Mitteilung innert 10 Tagen an alle Aktionäre weiterleitet.

(3) Der veräusserungswillige Aktionär muss seine Aktien an die Mitaktionäre abtreten, die ihr Vorhandrecht innert 30 Tagen seit Empfang der Nachricht durch schriftliche Mitteilung an die Gesellschaft ausüben.

(4) In dem Umfange, in dem ein Mitaktionär das Vorhandrecht nicht ausübt, fällt es den übrigen Mitaktionären nach Massgabe ihres Aktienbesitzes zu. Diese können innert 10 Tagen, seit ihnen die entsprechende Nachricht von der Gesellschaft zugegangen ist, das zusätzlich angefallene Vorhandrecht durch schriftliche Mitteilung an die Gesellschaft ausüben.

(5) Falls nach diesem Verfahren die Vorhandrechte nicht allesamt ausgeübt worden sind, fallen sie dahin, und der Veräusserer ist frei.

(6) Übernahmepreis ist bei entgeltlicher Übertragung der vom potentiellen Dritterwerber in guten Treuen gebotene Preis, jedoch mindestens 80% und höchstens 120% des von einem Schiedsgutachter festgelegten inneren Wertes. Bei unentgeltlicher Übertragung gilt als Übernahmepreis der innere Wert. Der Schiedsgutachter wird von den beteiligten Aktionären in gemeinsamem Einvernehmen bestimmt; er hört die Parteien vor seinem Entscheid, der endgültig und verbindlich ist, an.

(7) Die Übernehmer haben den Übernahmepreis 30 (dreissig) Tage nach Eröffnung des inneren Wertes Zug um Zug gegen die zedierten und mit dem Vermerk der Übertragungsgenehmigung ausgestatteten Titel in bar zu bezahlen.

(8) Werden die vorstehenden Regeln eingehalten, kann der Verwaltungsrat einem Aktionär, der Aktien in Ausübung seines Vorhandrechtes erwirbt, die Zustimmung und die Eintragung im Aktienbuch nicht verweigern. Einen Dritterwerber, der nach Absatz 5 hiervor Aktien erwirbt, kann der Verwaltungsrat nur als Aktionär ablehnen, wenn er Konkurrent ist oder einem Konkurrenten nahesteht.»

Ein aktuelles Beispiel:

Vorhandrecht in einem ABV*

Art. 11

(1) Jeder Konsorte, der Aktien verkaufen, verschenken oder sonst abtreten will, ist verpflichtet, hievon ohne Verzug dem Geschäftsführer des ABV zuhanden

---

* Ohne Gewähr. Es handelte sich nicht um ein empfohlenes Modell einer Vertragsklausel, sondern um *Diskussionsstoff* für das Aktienrechts-Forum.

der Gesamtheit der Konsorten schriftlich Anzeige zu machen. Liegt ein Kaufangebot vor, so ist dies in der Mitteilung unter Angabe der Konditionen zu erwähnen.

(2) Der Geschäftsführer benachrichtigt die Konsorten sowie, bei Verzicht eines oder mehrerer Berechtigter auf ihr Kaufsrecht, die jeweils verbleibenden Kaufsberechtigten.

(3) An den Aktien, die abgetreten werden sollen, haben (unter Vorbehalt des unnumerierten Absatzes 2 hiernach) das Kaufsrecht:

   a) in erster Linie die Mitglieder der *eigenen* Familie [gemäss Definition] («erste Runde»);

   b) dann die Mitglieder der *andern* Familie [gemäss Definition] («zweite Runde»).

Ist der Erwerber jedoch der Ehegatte oder ein Erbe in gerader auf- oder absteigender Linie, und ist er schon Mitglied des ABV, so haben die übrigen Konsorten an den betroffenen Aktien kein Kaufsrecht.

(4) Den Konsorten steht das Kaufsrecht zum wirklichen Wert entsprechend ihrem bisherigen Aktienbesitz zu. Falls in der ersten Runde einzelne oder mehrere Konsorten auf die Ausübung ihres Kaufsrechts verzichten, steht den übrigen Konsorten der eigenen Familie ein verhältnismässiges Kaufsrecht auf die nicht übernommenen Aktien zu.

(5) Für diejenigen Aktien, die in der ersten Runde nicht übernommen worden sind, gelten in der zweiten Runde analog dieselben Regeln für die andere Familie.

Art. 12

(1) Die Ausübung des Kaufsrechts durch die Berechtigten der ersten Runde hat binnen 2 (zwei) Monaten zu erfolgen, gerechnet ab Zugang der mittels eingeschriebenen Briefes vorzunehmenden Mitteilung des Geschäftsführers, und, wenn nicht alle Aktien in der ersten Runde übernommen werden, binnen 1 (eines) Monates in der zweiten Runde, gerechnet vom Tage an, an dem die Mitteilung des Geschäftsführers über die noch verfügbaren Aktien bei den Mitgliedern der andern Familie eingeht.

(2) Liegt innerhalb der Frist für die erste Runde der wirkliche Wert weder zufolge Einigung noch zufolge Schiedsgutachtens (hiernach Ziffer 10) fest, so verlängert sich die Ausübungsfrist bis zum 10. (zehnten) Tage nach dem Zeitpunkt, in dem der ermittelte Wert mitgeteilt worden ist.

(3) Werden im Endergebnis nicht alle im Angebot stehenden Aktien fest übernommen, so gilt das Kaufsrecht aller Berechtigten als nicht ausgeübt, und der veräusserungswillige Konsorte ist frei, innerhalb von 6 (sechs) Monaten seine Aktien zu beliebigen Konditionen an Konsorten oder Dritte, ausgenommen an Konkurrenten [gemäss Definition], zu veräussern.

(4) Die Zahlungsfrist für übernommene Aktien beträgt 1 (einen) Monat, gerechnet ab dem Tag der Ausübung des Kaufsrechts, mit Zahlung Zug um Zug gegen Aushändigung der indossierten und mit dem Eintragungsvermerk des Verwaltungsrates versehenen Aktienzertifikate.

Art. 13

(1) Verkäufer und Käufer, die sich über den wirklichen Wert nicht kurzfristig einigen können, bestimmen im gemeinsamen Einvernehmen eine unabhängige Treuhandgesellschaft, die in einem Schiedsgutachten den wirklichen Wert endgültig, nach Anhörung der Parteien, und verbindlich festsetzt. Ist innert nützlicher Frist ein Einvernehmen nicht zu erzielen, ernennt der Präsident von X. eine Treuhandgesellschaft als Schiedsgutachter nach seinem Ermessen. Der Auftrag zur Bewertung geht auf Antrag einer Partei vom Geschäftsführer des Konsortiums aus. Die Kosten der Bewertung werden von den am Verfahren Beteiligten in dem Verhältnis getragen, in dem die eigene, dem Schiedsgutachter mitgeteilte Preisvorstellung von dem schliesslich festgelegten wirklichen Wert abweicht.

(2) Als wirklicher Wert gilt der innere Wert, berechnet aus Ertrags- und Substanzwert wie folgt:

    a) Basis ist der Ertrag der letzten drei vollen Geschäftsjahre, wobei derjenige des letzten dreifach, jener des zweitletzten doppelt gewichtet wird. Nicht repräsentative ausserordentliche Gewinne oder Verluste sind auszuklammern. Der Kapitalisierungssatz entspricht der um 5 Prozentpunkte erhöhten durchschnittlichen Rendite auf Verfall der langfristigen Bundesobligationen in dem dem Bewertungsstichtag vorausgehenden Quartalsende.

    b) Der rechnerisch ermittelte Ertragswert kann vom Schiedsgutachter nach der Entwicklung der Ertragslage in dem während der Bewertung laufenden Geschäftsjahr um $\pm$ 10% (plus/minus zehn Prozent) erhöht oder gekürzt werden.

    c) Beim Substanzwert sind $^2/_3$ (zwei Drittel) der geschätzten stillen Reserven, gekürzt um die darauf entfallende, pauschal geschätzte latente Steuerlast, zum Buchwert hinzuzuzählen.

    d) Der Durchschnittswert ergibt sich aus der Summe von doppelt gewichtetem Ertragswert und einfach gewichtetem Substanzwert, geteilt durch drei.

    e) Nicht betriebsnotwendige Vermögensteile sind aus der Ertrags- und Substanzwertberechnung auszuklammern; sie werden gesondert mit ihrem Verkehrswert unter Abzug der pauschal geschätzten latenten Steuerlast zum Durchschnittswert hinzugeschlagen. Das Ergebnis ist der innere Wert.

Art. 14

(1) Geht zufolge Rechtsgeschäften von Konsorten die Stimmenmehrheit der Gesellschaft auf Dritte über, so haben die übrigen Konsorten das Mitverkaufsrecht. Jeder Mitverkaufsberechtigte kann sein Recht innerhalb von 30 (dreissig) Tagen nach Mitteilung vom Beherrschungsübergang gültig ausüben.

(2) Zur Gewährleistung dieses Mitverkaufsrechtes müssen der oder die Konsorten, welche den Beherrschungsübergang herbeiführen:

a) im Vertrag mit Dritten verabreden, dass der Dritte alle ihm von den Konsorten des Veräusserers rechtzeitig angebotenen Aktien mitübernimmt, und zwar zum selben Preis und zu den gleichen übrigen Bedingungen, wie sie im Vertrag mit dem Dritten vorgesehen sind;

b) beim Abschluss des Vertrages die übrigen Konsorten über dessen wesentliche Bedingungen schriftlich informieren.

Literaturübersicht

APPENZELLER HANSJÜRG, Stimmbindungsabsprachen in Kapitalgesellschaften, Diss. Zürich 1996

BECKER HERMANN, Kommentar zum OR: Allgemeine Bestimmungen, Bern 1941

BENTSCH ROLAND, Die Konventionalstrafe nach Art. 160–163 OR, Diss. Freiburg 1994

BÖCKLI PETER, Das Aktienstimmrecht und seine Ausübung durch Stellvertreter, Diss. Basel 1961, 59 ff.

– Aktionärbindungsverträge, Vinkulierung und statutarische Vorkaufsrechte unter neuem Aktienrecht, ZBJV 129 (1993) 475 ff.

– Schweizer Aktienrecht, 2. A. Zürich 1996

BÖCKLI/MORSCHER, Aktionärbindungsverträge: Übertragbarkeit und Geltungsdauer von Optionsrechten, SZW (1997) 53 ff.

EIDG. STEUERVERWALTUNG, Hauptabteilung Direkte Bundessteuer, Kreisschreiben Nr. 25 vom 27. Juli 1995 über die Auswirkungen der Aktienrechtsrevision vom 4. Oktober 1991 für die direkte Bundessteuer

FORSTMOSER PETER, Aktionärbindungsverträge, in: Festgabe Walter R. Schluep, Zürich 1988, 359 ff.

– Handlungsbedarf bei altrechtlichen Aktiengesellschaften, SJZ 93 (1997) 86 ff.

FORSTMOSER/MEIER-HAYOZ/NOBEL, Schweizerisches Aktienrecht, Bern 1996, § 39 N 139, insb. 154 ff., § 44 N 261

FREY MARTIN, Statutarische Drittrechte im schweizerischen Aktienrecht, Diss. Bern 1979

GLATTFELDER HANS, Die Aktionärbindungs-Verträge, ZSR 78 (1959) II 141a ff.

GROUPE DE RÉFLEXION «GESELLSCHAFTSRECHT», Bericht der von Bundesrat Prof. Arnold Koller 1993 eingesetzten Arbeitsgruppe (KOLLER/BÖCKLI/FORSTMOSER/KAPPELER/PETITPIERRE-SAUVAIN/ RUEDIN/SCHLUEP) zur Prüfung des Reformbedarfs im Gesellschaftsrecht, Bundesamt für Justiz (Hrsg.), Bern 1993, insb. 28/29

HERREN KLAUS WERNER, Statutarische Berechtigung zum Erwerb von Aktien und GmbH-Anteilen, Diss. Bern 1973

KLÄY HANSPETER, Die Vinkulierung: Die Neuregelung im revidierten Aktienrecht, Diss. Basel 1997 (im Erscheinen), insb. Kapitel 15 (229 ff. des Manuskriptes)

KURER PETER, Kommentar zum schweizerischen Privatrecht, Obligationenrecht II, Honsell/ Vogt/Watter (Hrsg.), Basel/Frankfurt a.M. 1994, Art. 680 N 10

LEHNER OTHMAR, Gemeinsame Charakterzüge und Wirkungen der aktienrechtlichen Vorkaufsrechte, SAG [SZW] 26 (1953/54) 189 ff.

LÜBBERT HARTMUT, Abstimmungsvereinbarungen in den Aktien- und GmbH-Rechten der EWG-Staaten, der Schweiz und Grossbritanniens, Baden-Baden 1971, insb. 229 ff.

MEIER-SCHATZ CHRISTIAN J., Statutarische Vorkaufsrechte unter neuem Aktienrecht, SZW 64 (1992) 224 ff.

PATRY ROBERT, Les accords sur l'exercice des droits de l'actionnaire, ZSR 78 (1959) II 1a ff.

DU PASQUIER/OERTLE, Kommentar zum schweizerischen Privatrecht, Obligationenrecht II, Honsell/Vogt/Watter (Hrsg.), Basel/Frankfurt a.M. 1994, Art. 685b N 20

REYMOND JACQUES-ANDRÉ, Les clauses statutaires d'agrément, SZW 64 (1992) 259 ff., insb. 261

SALZGEBER-DÜRIG ERIKA, Das Vorkaufsrecht und verwandte Rechte an Aktien, Diss. Zürich 1970

VON TUHR/ESCHER, Allgemeiner Teil des Schweizerischen Obligationenrechtes, Bd. II, 3. A. Zürich 1974.

Peter Nobel

Koordiniertes Aktionärsverhalten im Börsenrecht

Eine erste Auslegeordnung

Inhaltsübersicht

I.	**Themenbereich**	76
A.	Grundlagen	76
	1. Komplexe Texte zu komplexen Fragen	76
	2. Meldepflicht und Übergangsrecht	78
	3. Erweiterte Meldepflicht in Übernahmesituationen	78
	4. Sanktionen bei Verletzung der Meldepflicht	79
	5. Angebotspflicht	79
	6. Sanktionen bei Verletzung der Übernahmepflicht	80
B.	Umschreibungen des Zusammenwirkens im BEHG	80
	1. Gemeinsames Handeln	80
	2. Organisierte Gruppe	81
C.	Nähere Umschreibungen des Zusammenwirkens in den Ausführungsverordnungen zum Börsengesetz	83
	1. Schweigsamkeit der bundesrätlichen Verordnung (BEHV)	83
	2. Abgrenzung vom «indirekten Erwerb» und gemeinsames Vorgehen	83
	3. Handeln in gemeinsamer Absprache	85
	4. Auslösung der Angebotspflicht	86
D.	Zusammenwirken in der Verordnung der Übernahmekommission	86
	1. Die Verordnung der UEK	86
	2. Rechtsvergleichung: Acting in concert	88
	a) Europarecht	88
	b) Englischer City Code	89
	c) Deutsches Wertpapierhandelsgesetz (WpHG)	89
	d) Französischer Code des Sociétés	89
	e) Rechtslage in den USA	90
II.	**Die Frage nach den Leitprinzipien**	91
A.	Wirtschaftlich Berechtigter und Stimmrechtsvertretung	91
	1. Zu erfassen ist direktes und indirektes Vorgehen	91
	2. Generalklausel als Auffangtatbestand indirektenVorgehens	92
	3. GV-Vollmachten als Ausnahme	92
B.	Gleichstellung von Absprachen und Gruppen	93
	1. Erfordernis eines Organisationsgrades	93
	2. Privilegierung bei Meldepflichten	94

3. Erfassung des Konzerntatbestandes?   94

4. Ausnahmetatbestand   94

III. Schlussfolgerungen   95

I. Themenbereich

A. Grundlagen

1. Komplexe Texte zu komplexen Fragen

Schon die Aufführung der «stimmrechtsverbundenen Aktionärsgruppen» in der börsenrechtlichen Verkündigungsnorm von Art. 663c OR bereitet Kopfzerbrechen[1]. Das war nur der Anfang; das Börsengesetz (BEHG) und die damit verbundenen Erlasse erhöhen die Komplexität erheblich und sie ist nur schwer wieder zu reduzieren.

Bei neuen Gesetzen empfiehlt es sich, vorerst mit dem schlichten Text bekannt zu werden, besonders dann, wenn er so reichhaltig, und weittragend ist, wie die börsengesetzlichen Umschreibungen des Zusammenwirkens. Die sachbezüglichen Ausführungsverordnungen der Eidgenössischen Bankenkommission (EBK) und der Übernahmekommission (UEK)[2], die ja in einem genetisch komplex verzahnten Wechselspiel zwischen EBK und Übernahmekommission zu konzipieren waren (einerseits hat die UEK ein Antragsrecht in bezug auf die Bestimmungen der EBK, Art. 20 Abs. 5 und Art. 32 Abs. 6 BEHG, und anderseits sind die Bestimmungen der UEK durch die EBK zu genehmigen, Art. 23 Abs. 2 BEHG), sind an sich auskunftsreich, aber im Zusammenhang nur schwer zu durchschauen.

Zum Thema sind die Bestimmungen von Art. 20 und 31 BEHG sowie Art. 32 BEHG einschlägig, die von der Meldepflicht und der Pflicht zur Unterbreitung eines Angebotes beim Erreichen gewisser Stimmrechtsschwellen – und zwar in bezug auf die Stimmen in weitgehender Weise:

---

[1]   Vgl. dazu auch FORSTMOSER PETER, OR 663c – ein wenig transparentes Transparenzgebot, in: Festgabe zum Schweizerischen Juristentag 1994 (Zürich 1994) 69 ff.

[2]   Zum Börsen- und Effektenhandelsgesetz vom 24.3.1995 (BEHG; SR 954.1) bestehen folgende Ausführungsverordnungen: Börsenverordnung des Bundesrates vom 2.12.1996 (BEHV; SR 954.11), Börsenverordnung der EBK vom 25.6.1997 (BEHV-EBK; SR 954.193) sowie die Übernahmeverordnung der Übernahmekommission vom 21.7.1997 (UEV-UEK; SR 954.195.1).

«ob ausübbar oder nicht» – handeln; sie beschlagen auch den Fall der «gemeinsamen Absprache mit Dritten». Die Meldepflicht mit der Zielsetzung der Markttransparenz hat dabei durchaus eigenständigen Charakter, ist aber auch als interessenkundgebende Vorstufe zu einer Übernahmeabsicht zu sehen.

Die Texte zur Erfassung des Zusammenwirkens sind nicht leicht zu handhaben. Die folgenden Ausführungen wollen nicht mehr sein als eine erste Auslegeordnung. Eine zentrale Bestimmung ist diesbezüglich Art. 15 (insbes. die Absätze 1 und 2) BEHV-EBK als Versuch der Umschreibung der «gemeinsamen Absprache» wozu sich (erschwerend?) auch noch die «organisierte Gruppe» (zu finden schon in Art. 20 Abs. 3 und 32 Abs. 2 lit. a BEHG) gesellt:

«[1] In gemeinsamer Absprache oder als organisierte Gruppe handelt, wer seine Verhaltensweise im Hinblick auf den Erwerb oder die Veräusserung von Beteiligungspapieren oder die Ausübung von Stimmrechten mit Dritten durch Vertrag oder andere organisierte Vorkehren abstimmt.

[2] Eine Abstimmung der Verhaltensweise liegt namentlich vor bei:

a.   Rechtsverhältnissen zum Erwerb oder der Veräusserung von Beteiligungspapieren;

b.   Rechtsverhältnissen, welche die Ausübung der Stimmrechte zum Gegenstand haben (stimmrechtsverbundene Aktionärsgruppen); oder

c.   der Zusammenfassung von natürlichen oder juristischen Personen durch die Mehrheit von Stimmrechten oder Kapitalanteilen oder durch eine Beherrschung auf andere Weise zu einem Konzern oder einer Unternehmensgruppe.

[3] Wer in gemeinsamer Absprache oder als organisierte Gruppe handelt, hat die gesamte Beteiligung, die Identität der einzelnen Mitglieder, die Art der Absprache und die Vertretung zu melden.

[4] Erwerb und Veräusserung unter verbundenen Personen, die ihre Gesamtbeteiligung gemeldet haben, sind von der Meldepflicht ausgenommen.

[5] Meldepflichtig sind demgegenüber Änderungen in der Zusammensetzung des Personenkreises und der Art der Absprache oder der Gruppe.»

Zu unterscheiden ist hier also eine auf «Vertrag oder andere organisierte Vorkehren» abstellende Generalklausel (Absatz 1) und eine beispielhafte Exemplifizierung von «Rechtsverhältnissen», in der Regel wohl Verträgen (Absatz 2 lit. a und b) oder dann Konzernierungsmassnahmen (Absatz 2 lit. c).

2. Meldepflicht und Übergangsrecht

Meldepflicht heisst *Meldung des direkten oder indirekten Erwerbs oder Veräusserung von Beteiligungspapieren durch den wirtschaftlich Berechtigten* (Art. 9 Abs. 1 BEHV-EBK) einer Gesellschaft mit Sitz in der Schweiz, deren Beteiligungspapiere mindestens teilweise in der Schweiz kotiert sind (Art. 20 Abs. 1 BEHG) und zwar, wenn dadurch Grenzwerte (5, 10, 20, $33^1/_3$, 50 oder $66^2/_3\%$) von Stimmrechten (ob ausübbar oder nicht) erreicht, unter- oder überschritten werden.

Übergangsrechtlich besteht eine Meldepflicht für vorbestehende Beteiligungen von mindestens 5% innert dreier Jahre seit Inkrafttreten des Gesetzes (Art. 51 BEHG; bei einem Inkrafttreten des zweiten Teils des BEHG auf den 1. Januar 1998 wäre dies bis zum 31. Dezember 2000). Werden hingegen während der Übergangsfrist neue Schwellenwerte berührt, die eine Meldepflicht auslösen, so ist dies zu melden und die Übergangsbestimmung kann nicht mehr in Anspruch genommen werden; ohne Meldung sollen dagegen Herabsetzungen möglich sein (Art. 45 Abs. 2 BEHV-EBK).

3. Erweiterte Meldepflicht in Übernahmesituationen

Die erweiterte Meldepflicht verlangt vom Anbieter während der Laufdauer eines Angebots die Meldung jedes Erwerbs oder Verkaufs in der Zeit von der Veröffentlichung des Angebotes bis zum Ablauf der Angebotsfrist. Dies wird auch von denen verlangt, die bereits eine Beteiligung von 5% halten (Art. 31 Abs. 1 BEHG). Die Übernahmekommission kann denjenigen, der während laufendem Angebot einen gewissen Prozentsatz erwirbt, ebenfalls der Meldepflicht unterstellen (Art. 31 Abs. 3 BEHG); die UEK hat dazu den Satz von 5% verallgemeinert und präzisiert, dass diese Meldepflicht auch für die Zielgesellschaft selbst gilt (Art. 38 der UEV-UEK).

4. Sanktionen bei Verletzung der Meldepflicht

Die Verletzung der Meldepflichten (Art. 20, 31 und 51 BEHG) in bezug auf die Schwellenwerte, die (nur) in der Strafnorm als «qualifizierte Beteiligungen» bezeichnet werden, zieht exorbitante Bussen nach sich (Art. 41 BEHG: höchstens das Doppelte des Kauf- oder Verkaufspreises des nicht gemeldeten Bestandes). Stimmrechtssperren sind nicht explizit vorgesehen (ausser bei Banken bezüglich der bankgesetzlichen Meldepflichten; Art. 23ter Abs. 1bis BankG).

5. Angebotspflicht

Die Angebotspflicht ist Teil der Regeln über die öffentlichen Kaufangebote.

Wer infolge eines Erwerbs über *mehr als* 33^1/₃%[3] einer Zielgesellschaft verfügt, hat ein Angebot für alle kotierten Beteiligungspapiere einer Zielgesellschaft zu unterbreiten (Art. 32 Abs. 1 BEHG). Durch opting up kann der Schwellenwert bis auf 49% erhöht werden (Art. 32 Abs. 1 a.E. BEHG). Opting out dispensiert einen Erwerber ganz von der Angebotspflicht (Art. 22 Abs. 2 und 3, Art. 53 BEHG). Die Übergangsbestimmung von Art. 52 BEHG gewährt für vorbestehende Beteiligungen zwischen mehr als 33^1/₃% und 50% eine Ausnahme bis zum Überschreiten der Grenze von 50%. Die Überschreitung führt zur Angebotspflicht. Art. 32 Abs. 2 BEHG erlaubt in besonderen Fällen Ausnahmen von der Angebotspflicht, u.a. «bei der Übertragung von Stimmrechten innerhalb einer vertraglich oder auf andere Weise organisierten Gruppe» (lit. a). Sibyllinisch heisst es da weiter: «Die Gruppe untersteht in diesem Fall der Angebotspflicht nur als Gruppe»; oder eben nicht?

Soviel zu den Texten. Nun stellen sich verschiedene Fragen.

Das Gesetz ist grundsätzlich merkwürdig und verschämt schweigsam in bezug auf vorbestehende *Mehrheiten* in Gesellschaften (über 50%). Jedoch herrscht die Meinung, dass sie nicht berührt werden sollen. Solche Mehrheiten können sich, wie auch diejenigen zwischen 33^1/₃% und 50%,

---

[3] Es steht hier deutlich «mehr als» (so auch in Art. 52 BEHG), während im Zusammenhang mit der Meldepflicht die Wendung «erreicht, unter- oder überschreitet» (Art. 20 Abs. 1 BEHG) gebraucht wird. Dies ermöglicht das «angebotsfreie» Halten eines Drittels, aber *nicht* einer Sperrminorität im Sinne von Art. 704 OR, da dort das Erreichen von 2/₃ der (vertretenen) Stimmen ausreicht.

die ja angesprochen werden, aus Absprachen zusammensetzen oder aus einer Gruppe bestehen. Tritt in der Gruppenstruktur, innerhalb derer Übertragungen auch privilegiert zu behandeln wären, ein signifikanter Kontrollwechsel ein, so fragt sich, ob nicht eine Angebotspflicht entstehen kann.

Zu erwähnen ist, dass die Schwelle von 50% nicht unterschritten und dann wieder überschritten werden darf, ohne unter die Angebotspflicht zu fallen; dieser umstrittene Punkt wird so in Art. 31 BEHV-EBK geregelt und zwar zu Recht, da die Schwelle von $33^1/_3$% ja nur eine die faktische Beherrschung erfassende Konzernierungsschwelle ist, während rechtlich eine Mehrheit ab 50% besteht.

6. Sanktionen bei Verletzung der Übernahmepflicht

Eine Strafnorm ist hier nicht ersichtlich (Art. 42 BEHG unterwirft lediglich die Informationspflichten einer Zielgesellschaft strafrechtlichen Sanktionen).

Hingegen ist Art. 32 Abs. 7 BEHG zu beachten:

«Auf Verlangen der Aufsichtsbehörde, der Zielgesellschaft oder eines ihrer Aktionäre kann der Richter die Ausübung des Stimmrechtes desjenigen, der die Angebotspflicht nicht beachtet, durch einstweilige Verfügung suspendieren.»

Bei Zusammenwirken und Gruppen dürfte die Missachtung nicht leicht ersichtlich sein, was auch Probleme für das Glaubhaftmachen im Massnahmeverfahren aufwerfen kann.

B. Umschreibungen des Zusammenwirkens im BEHG

Die Bestimmungen zu Offenlegung und Angebotspflicht enthalten nun beide bedeutsame Tatbestands- und Rechtsfolgegruppen zur Erfassung des Zusammenwirkens, die noch näher zu betrachten sind.

1. Gemeinsames Handeln

Erstens wird durchwegs erfasst, wer «direkt, indirekt *oder in gemeinsamer Absprache mit Dritten*» handelt (Art. 20 Abs. 1, 31 Abs. 1, 32 Abs. 1 und Art. 52 BEHG). Die französische Version verwendet für «gemeinsame Absprache mit Dritten» die Wendung «de concert avec des tiers». Die Übernahmekommission erlässt schliesslich u.a. «zusätzliche Bestimmungen über das Handeln in gemeinsamer Absprache mit Dritten» (Art. 28 lit. f BEHG).

2. Organisierte Gruppe

Zweitens wird der Tatbestand dann sozusagen privilegiert, dass eine «vertraglich oder auf andere Weise organisierte Gruppe» die Pflichten (nur) als Gruppe zu erfüllen hat (Art. 20 Abs. 3, 31 Abs. 2 und Art. 32 Abs. 2 lit. a BEHG). Die Botschaft zum BEHG sagte dazu folgendes, was der Klärung der Absicht, aber weniger der Begriffe, dienlich ist[4]:

> «Ihren Zweck erfüllt die Meldung massgeblicher Beteiligungen aber nur, wenn sie Klarheit über die Beherrschungsverhältnisse verschaffen kann. Deshalb müssen die Inhaberaktien in die Regelung einbezogen werden und alle direkt, indirekt oder in gemeinsamer Absprache mit Dritten kontrollierten Stimmrechte bei der Bemessung der Beteiligung berücksichtigt werden. Vertraglich oder auf andere Weise organisierte Gruppen, die sich auf Dauer zusammenschliessen oder die über andere dauerhafte Beziehungen durch eine einheitliche Leitung verbunden sind (z.B. zwischen Mutter- und Tochtergesellschaft oder innerhalb der Familie) sollen nur gemeinsam als Gruppe Meldung erstatten müssen. Die übrigen Besitzer von Beteiligungspapieren haben ein starkes Interesse daran, dass sich zusammengehörende Aktionäre als solche zu erkennen geben. Verschiebungen innerhalb der Gruppe hingegen lösen keine Meldepflicht aus».

Die «Privilegierung» bei der Meldepflicht, nämlich, dass die Meldepflicht «als Gruppe» erfüllt werden muss (Art. 20 Abs. 3 und Art. 31 Abs. 2 BEHG), führt dazu, dass Meldung zu erstatten ist über:

a. die Gesamtbeteiligung

b. die Identität der einzelnen Mitglieder

c. die Art der Absprache

d. die Vertretung.

Mithin ist doch recht viel offenzulegen.

---

[4]   Botschaft zu einem Bundesgesetz über die Börsen und den Effektenhandel vom 24.2.1993, BBl *1993* I 1369 ff., insbes. 1388.

Die Verordnung der EBK besagt sodann in Art. 15 Abs. 4, dass Erwerb und Veräusserung unter verbundenen Personen, die ihre Gesamtbeteiligung gemeldet haben, von der Meldepflicht ausgenommen sind. Diese Freistellung erscheint klar.

Im Rahmen der Erarbeitung der Ausführungsvorschriften ergab sich eine (erneute) Diskussion, ob die Bestimmung von Art. 32 Abs. 2 lit. a BEHG so zu lesen sei, dass hier praktisch eine Doppelerfassung stattfinden soll, nämlich einerseits als Gruppe (allenfalls vorbestehend, entweder zwischen 33^1/$_3$% und 50% oder bereits über 50%, also in beiden Fällen von der Angebotspflicht ausgenommen) und anderseits eine Individualerfassung, d.h. der einzelnen Mitglieder der Gruppe. Dabei würde dann grundsätzlich, wenn ein Mitglied die Grenze von 33^1/$_3$% individuell (evt. auch indirekt) überschreitet, eine Angebotspflicht ausgelöst. Ebenso wenn ein einzelnes Mitglied bei einer ausgenommenen Gruppe (weil bei Inkrafttreten 50% übersteigend) selbst zuerst zwischen 33^1/$_3$% und 50% lag und dann die Grenze von 50% übersteigt (Art. 52 BEHG).

Der Gesetzgeber wollte namentlich den Anliegen der *Familiengesellschaften* Rechnung tragen. Somit dürfte folgendes gelten: Wenn eine Familie zusammen bereits über 33^1/$_3$% oder über 50% der Stimmrechte besitzt und ein Familienmitglied einen Anteil eines anderen Mitglieds oder gar eines Dritten übernimmt und so als Einzelperson den Grenzwert von 33 1/3% überschreitet, so ist er in diesem Falle nicht zu verpflichten, ein öffentliches Angebot zu unterbreiten[5]. Die Bestimmung sollte aber auch der *Verhinderung von Missbräuchen* dienen, indem die Übertragung von Stimmrechten innerhalb einer Gruppe nur dann von der Angebotspflicht ausgenommen ist, wenn diese Gruppe bereits seit längerem besteht oder wenn es sich um ein Familienunternehmen handelt. Damit kann ausgeschlossen werden, dass kurzfristig eine «Gruppe» gebildet wird, mit dem Ziel, eine Gesellschaft unter Missachtung der Ansprüche der Minderheitsaktionäre zu erwerben[6]; Ausnahmen müssen im Sinne von Art. 32 Abs. 2 BEHG «berechtigt» sein. So gilt als weiterer berechtigter Ausnahmefall auch die Situation, in der «ein Mitglied einer organisierten Gruppe (...) auch einzeln den Grenzwert überschreitet» (Art. 34 Abs. 2 lit. b BEHV-EBK).

---

[5] Auch in den parlamentarischen Beratungen setzte sich schliesslich das Schutzanliegen für Familiengesellschaften durch. NR Theo Fischer monierte in diesem Zusammenhang, dass auch sehr viele kotierte Gesellschaften Familienunternehmen seien; diese hätten alsdann die «allergrössten Schwierigkeiten, wenn sie die restlichen Aktien übernehmen» müssten, zumal sie finanziell dazu zumeist gar nicht in der Lage wären, AmtlBull NR 2.2.1995 S. 308.

[6] BEHG-Botschaft (zit. FN 4), 1417.

C. Nähere Umschreibung des Zusammenwirkens in den Ausführungsverordnungen zum Börsengesetz

1. Schweigsamkeit der bundesrätlichen Verordnung (BEHV)

Die Ausführungsverordnung des Bundesrates zum Börsengesetz ist wenig wegleitend zum Thema der gemeinsamen Absprache oder der Gruppenbildung. In der BEHV lässt sich lediglich finden, dass bei der Berechnung der Stimmrechte, wo das Erreichen der Schwelle von 98% zur Kraftloserklärung der restlichen Beteiligungspapiere berechtigt, auch die Aktien zu berücksichtigen seien, «die der Anbieter (...) indirekt oder in gemeinsamer Absprache mit Dritten hält» (Art. 54 lit. b BEHV). Die Bestimmung ist zudem nicht einmal hinsichtlich der Frage klar, ob zum Zwecke der Kraftloserklärung eine Gruppe gebildet werden darf (vgl. Art. 33 Abs. 1 BEHG), was jedoch zu bejahen ist. – Da ist also keine definitorische Hilfe zu erwarten. Der Kompetenzenkatalog in Art. 20 Abs. 5 BEHG zum Erlass von Bestimmungen im Meldebereich durch die Eidgenössische Bankenkommission als Aufsichtsbehörde bezieht sich, jedenfalls bei wörtlicher Lektüre, auch nicht auf diese Aspekte; es ist dort nur die Rede vom Erlass von Bestimmungen zum «Umfang der Meldepflicht» und zur «Berechnung der Stimmrechte», worin man allenfalls einen losen Zusammenhang sehen kann. Dieser wurde denn auch genutzt. Klar auf das «Handeln in gemeinsamer Absprache mit Dritten» bezogen ist dagegen die Verordnungskompetenz der UEK in Art. 28 lit. f BEHG.

2. Abgrenzung vom «indirekten Erwerb» und gemeinsames Vorgehen

Die BEHV-EBK will vorerst einmal verdeutlichen, dass der *wirtschaftlich Berechtigte* meldepflichtig sei (Art. 9 Abs. 1) und dass als «indirekt» generalklauselartig alle Vorgänge gelten, «die im Ergebnis das Stimmrecht über die Beteiligungspapiere vermitteln können, ausgenommen die Erteilung von Vollmachten ausschliesslich zur Vertretung an einer Generalversammlung» (Art. 9 Abs. 3 lit. d, Art. 26 BEHV-EBK). Die Meldung soll *nur* den wirtschaftlich Berechtigten obliegen, hat dann aber die vollständigen Angaben sowohl für den direkten wie für den indirekten Erwerber oder Veräusserer zu enthalten (Art. 17 Abs. 2 BEHV-EBK).

83

Der indirekte Erwerb enthält selbst aber durchaus bereits Zurechnungs-sachverhalte. Der einschlägige Art. 9 Abs. 3 BEHV-EBK aus dem Bereich der Meldepflicht lautet wie folgt:

«Als indirekter Erwerb oder indirekte Veräusserung gelten:

a. der Erwerb und die Veräusserung über einen rechtlich im eigenen Namen auftretenden Dritten, der auf Rechnung des wirtschaftlich Berechtigten handelt;

b. der Erwerb und die Veräusserung durch direkt oder indirekt beherrschte juristische Personen;

c. der Erwerb und die Veräusserung einer Beteiligung, die direkt oder indirekt die Beherrschung einer juristischen Person vermittelt, welche ihrerseits direkt oder indirekt Beteiligungspapiere hält;

d. alle anderen Vorgänge, die im Ergebnis das Stimmrecht über die Beteiligungspapiere vermitteln können, ausgenommen die Erteilung von Vollmachten ausschliesslich zur Vertretung an einer Generalversammlung.»

Art. 26 BEHV-EBK im Bereich der Angebotspflicht verweist auf Art. 9 Abs. 3 BEHV-EBK «sinngemäss».

Erfasst werden folglich:

– Vorgehensweisen über fiduziarische Arrangements. Hier ergibt sich aber eine bedeutende Ausnahme: Wer für mehrere, untereinander unabhängige wirtschaftlich Berechtigte handelt, *aber zur Ausübung der Stimmrechte nicht berechtigt ist*, ist auch nicht meldepflichtig (Art. 9 Abs. 2 BEHV-EBK). Somit ist es möglich, ADR (American Deposit Receipts)-Programme einzurichten, ohne unter eine Meldepflicht zu fallen.

– alle Dazwischenschaltungen von beherrschten juristischen Personen. Hier stellt sich die Frage, was als «Beherrschung» gilt; vermutungsweise ist auf die Konzernumschreibung in Art. 15 Abs. 2 lit. c BEHV-EBK abzustellen.

– alle anderen Vorgänge, die im Ergebnis das Stimmrecht vermitteln können. Dies ist eine cable-all-Klausel, breit und gefährlich.

Zur Abgrenzung kann grundsätzlich Folgendes gesagt werden:

Die (fiduziarische) «Absprache» oder der Einsatz von dazwischengeschalteten juristischen Personen führen systematisch ihrerseits nicht etwa zu einer Absprachegruppierung oder sonstigen *Gruppenbildung*, sondern

84

zu einem *Durchgriff* auf den «ultimate beneficial owner» unter Offenlegung der formell berechtigten Zwischenglieder.

Eine interessante Frage wird aber sein, bis auf welche Stufe Gruppenbildungen indirekt Beteiligter zu erfassen sind und wann die beispielsweise an einer Holding, die niemand beherrscht, Beteiligten eine Gruppe bilden.

3.   Handeln in gemeinsamer Absprache

Art. 15 BEHV-EBK widmet sich direkt dem Handeln in gemeinsamer Absprache und zwar unter der Überschrift:

> «Handeln in gemeinsamer Absprache und organisierte Gruppen».

Die «organisierte Gruppe» kann auch in Beziehung zu Art. 663c OR[7] gesetzt werden, wo sich die erste Erfassung der «stimmrechtsverbundenen Aktionärsgruppe» findet und damit eigentlich der erste Durchbruch der Ebene der Aktionärsverbindungen in das Aktienrecht selbst zugelassen und die alte dualistische Theorie von Gesellschaftsrecht hier und Schuldrecht da in die Vergangenheit hinabgestossen wurde[8].

Was bereits die Überschrift besagt, werden in gemeinsamer Absprache Handelnde und Gruppen (aller Formen) zusammengefasst.

«Namentlich» werden drei Konstellationen herausgestellt, nämlich

– gemeinsame Aktiengeschäfte,

– Stimmrechtsabsprachen und

– Konzerne.

Die Liste ist indessen nicht abschliessend; der Absatz 1 von Art. 15 BEHV-EBK enthält eine Generalklausel.

Interessant ist die Verwendung des (aus dem alten Kartellrecht bekannten) Begriffs der «organisierten Vorkehr»; es ist hier das klare Erfordernis eines *Institutionalisierungsgrades* des Zusammenwirkens zu verzeichnen. Im einzelnen ist er schwer zu bestimmen.

---

[7]   Zur Kritik an der Erfassungstechnik, FORSTMOSER (zit. FN 1), 69 ff.

[8]   Ebenso NOBEL PETER, Formelle Aspekte der Generalversammlung: Einberufung, Zulassung Abstimmung, in: Druey Jean Nicolas/Forstmoser Peter (Hrsg.), Rechtsfragen um die Generalversammlung, Schriften zum neuen Aktienrecht, Band 11 (Zürich 1997) 19 ff., insbes. 32.

In bezug auf die Konzerne ist zu vermerken, dass hier schon die blosse stimm- oder kapitalmässige Mehrheitsbeherrschung genügt, ohne dass es, wie für das Aktienrecht postuliert (Art. 663e OR), auf die Ausübung einer Leitungseinheit ankäme[9] (anders auch noch die Botschaft[10]).

4. Auslösung der Angebotspflicht

Art. 27 BEHV-EBK widmet sich dem «Handeln in gemeinsamer Absprache» und der organisierten Gruppe im Bereich der Auslösung der Angebotspflicht; es wird hier wiederum lediglich auf den oben erläuterten Text (Art. 15 Abs. 1 und 2 BEHV-EBK) «sinngemäss» verwiesen. «Sinngemäss» ist hier nur schwer als sinngemäss zu verstehen, mögliche, sinnvolle Abweichungen sind nicht ersichtlich.

In der Angebotssituation selbst wird das Zusammenwirken gesondert erfasst (vgl. sogleich), aber mit den an sich gleichen Konzepten.

D. Zusammenwirken in der Verordnung der Übernahmekommission

1. Die Verordnung der UEK

Die Verordnung der UEK (UEV-UEK) über öffentliche Kaufangebote (vgl. Art. 28 BEHG) wollte das Handeln in gemeinsamer Absprache an sich in weitergehendem Umfange regeln und – während einem Angebot – auch faktisches Zusammenwirken erfassen, was mit der Notwendigkeit internationaler Praxis begründet wurde. Im Effekt käme es damit zu einem Gegenstück der erweiterten Meldepflichten während einem Übernahmeangebot.

Differenzierungen in den Umschreibungen für die *Auslösung* eines Übernahmeangebotes und *während dem Laufe* eines Angebotes bereiten indessen Kopfzerbrechen, insbesondere im Lichte der Bestimmung von Art. 24 Abs. 3 BEHG, die besagt, dass die Pflichten eines Anbieters auch für alle mit ihr Zusammenwirkenden gelten.

Art. 11 Abs. 1 UEV-UEK lautet nun wie folgt und hier könnte denn dem Begriff «sinngemäss» ein Sinn beigemessen werden, indem auch «faktisches Zusammenwirken», was dies auch immer sei, erfasst wird:

---

[9] Vgl. BÖCKLI PETER, Schweizer Aktienrecht (2. A. Zürich 1996) N 1190 f.
[10] Vgl. zit. FN 4.

«Für im Hinblick auf ein Angebot In gemeinsamer Absprache oder als organisierte Gruppe mit dem Anbieter handelnde Personen gilt Artikel 15 Absätze 1 und 2 BEHV-EBK sinngemäss.»

Aus dem Dilemma (sozuagen) nachträglicher Solidaritätsbegründung infolge faktischen Zusammenwirkens will die UEK herauskommen, indem sie in Art. 12 Abs. 2 UEV-UEK (gestützt auf Art. 28 lit. f BEHG) sagt, dass faktisches Zusammenwirken *nicht* zu einer finanziellen Solidarität führe:

«Eine Pflicht der mit dem Anbieter zusammenwirkenden Personen zur Bezahlung des Angebotspreises besteht unter Vorbehalt anderslautender Ankündigungen im Angebot nicht.»

Die Vorentwürfe hatten noch eine Solidaritätspflicht enthalten.

Es bleiben dann aber doch fünf Pflichten, nämlich (Art. 12 Abs. 1 UEV-UEK)

– die Pflicht zur Offenlegung im Angebotsprospekt (Art. 19 Abs. 1 lit. d UEV-UEK);

– die Pflicht zur exakten und wahrheitsgetreuen Information (Art. 23 UEV-UEK);

– die Gleichbehandlungspflicht (Art. 10 Abs. 6 UEV-UEK);

– die Pflicht zur Loyauté (Art. 13 Abs. 1 UEV-UEK);

– die Meldepflicht in bezug auf Transaktionen (Kapitel 8 der UEV-UEK).

Der Angebotsprospekt muss Angaben über «die in gemeinsamer Absprache mit dem Anbieter handelnden Personen» enthalten, sofern diese Angaben für die Empfänger des Angebotes wesentlich sind (Art. 19 Abs. 1 lit. d UEV-UEK).

Wichtig ist schliesslich Art. 11 Abs. 2 UEV-UEK, der folgendermassen lautet:

«Vom Vertreter des Anbieters wird nicht vermutet, dass er in gemeinsamer Absprache oder in einer organisierten Gruppe mit dem Anbieter handelt».

Bei einer Bank oder einem Effektenhändler mit wesentlichen Nostro-Beständen, die als Vertreter wirken, ist letzteres nicht unwesentlich.

2. Rechtsvergleichung: Acting in concert

Nachdem der schweizerische Gesetzgeber soviel geistigen Aufwand zu einer integralen Erfassung betreibt, lohnt sich auch ein Blick über die Grenze.

a) Europarecht

Im *Europarecht* ist Art. 7 der Richtlinie der EU über die bei Erwerb einer bedeutenden Beteiligung an einer börsennotierten Gesellschaft zu veröffentlichenden Informationen[11] einschlägig.

Hier werden einmal die treuhänderischen Arrangements erfasst, ebenso die Überlassung der Stimmrechte gegen Entgelt. Wichtig ist die Umschreibung, wonach gleichzustellen sind:

> «Stimmrechte, die von einem Dritten gehalten werden, mit dem die betreffende Person eine schriftliche Vereinbarung getroffen hat, die beide verpflichtet, langfristig eine gemeinsame Politik bezüglich Geschäftsführung der betreffenden Gesellschaft zu verfolgen, indem sie die von ihnen gehaltenen Stimmrechte einvernehmlich ausüben.»

oder in der französischen Version:

> «Les droits de vote détenus par un tiers avec qui cette personne ou entité a conclu un accord écrit qui les oblige à adopter, par un exercice concerté des droits de vote dont ils détiennent, une politique commune durable vis-à-vis de la gestion de la société en question.»

Hier ist die Schwelle offensichtlich ziemlich hoch und es werden schriftliche Absprachen in bezug auf eine effektive Beeinflussung des Unternehmens verlangt.

Die Richtlinie betrifft nur den Bereich der Offenlegung. Der revidierte, in der Verwirklichung ungewisse und auch sachlich offene (Konzernrecht als Alternative zum Übernahmeangebot) Vorschlag zu einer Dreizehnten Richtline über Übernahmeangebote[12] enthält keine einschlägigen Angaben. Europarechtlich sind wir im Überschuss.

---

[11] Richtlinie des Rates vom 12. Dezember 1988 über die bei Erwerb und Veräusserung einer bedeutenden Beteiligung an einer börsennotierten Gesellschaft zu veröffentlichenden Informationen (88/627/EWG), ABl Nr. L 348 vom 17.12.1988, S. 62.

[12] Vorschlag für eine dreizehnte Richtlinie des Europäischen Parlaments und des Rates auf dem Gebiet des Gesellschaftsrechts über Übernahmeangebote, KOM(95) 655 endg., ABl Nr. C 162 vom 6.6.1996, S. 5.

b) Englischer City Code

Im *englischen City Code,* der hierzulande doch massgebliches Vorbild war, findet sich eine Reihe von Konstellationen, bei deren Vorliegen die Vermutung eines gemeinsamen Vorgehens aufgestellt wird, so insbesondere in bezug auf die Gesellschaft und ihre Organe, sodann hinsichtlich Unternehmensgruppen, aber auch zwischen Beratern und ihren Klienten.

Die «Notes» zur Regel 9.1. betreffend Angebotspflicht enthalten ferner eine Generalklausel:

> «Persons acting in concert comprise persons who, pursuant to an agreement or understanding (whether formal or informal), actively cooperate, through the acquisition by any of them of shares in a company, to obtain or consolidate control (as defined below) of that company.»

Hier wird immerhin «active cooperation» hinsichtlich der Kontrolle gefordert.

c) Deutsches Wertpapierhandelsgesetz (WpHG)

Art. 22 des *deutschen Wertpapierhandelsgesetzes* löst die Mitteilungspflichten auch bei fiduziarischem Vorgehen aus und dann in bezug auf Aktien,

> «die einem Dritten gehören, mit dem der Meldepflichtige oder ein von ihm kontrolliertes Unternehmen eine Vereinbarung getroffen hat, die beide verpflichtet, langfristig gemeinschaftliche Ziele bezüglich der Geschäftsführung der börsennotierten Gesellschaft zu verfolgen, indem sie ihre Stimmrechte einvernehmlich ausüben» (Abs. 1 Ziff. 3).

Hiermit wird offensichtlich das europäische Richtlinienrecht umgesetzt.

d) Französischer Code des Sociétés

Der *französische Code des Sociétés* stellt ebenfalls eine Reihe von Vermutungen des Zusammenwirkens auf (Konzerne, Gesellschaften, die der gleichen Person gehören, Gesellschaft und ihre Organe) und enthält in Art. 356-1-3 folgende Generalklausel:

> «Sont considerées comme agissant de concert les personnes qui ont conclu un accord en vue d'acquérir ou de céder des droits de vote ou en vue d'exercer des droits de vote pour mettre en oeuvre une politique commune vis-à-vis de la société».

Auch darin ist wohl (bloss) die Umsetzung der europarechtlichen Verpflichtungen zu sehen.

e) Rechtslage in den USA

Gemäss Law Dictionary bedeutet «concerted action»[13]:

> «Concert of action, action which has been planned, arranged, adjusted, agreed upon, and settled between parties acting together, in pursuance of some design or in accordance with some scheme.»

Oder laut The Oxford American Dictionary:

> «Acting in concert: agreement, cooperation, in combination, together.»

Concerted action spielt vor allem im amerikanischen Antitrust-Recht eine Rolle und wird dort umschrieben als:

> «a ‹unity of purpose or common design and understanding, or a meeting of minds in an unlawful arrangement›».[14]

Aus dem Bereich des securities law ist auf Securities Act § 13(d) (3) zu verweisen, wo es um die Umschreibung einer «person» mit wirtschaftlichem Eigentum an Effekten geht:

> «When two or more persons act as a partnership, limited partnership, syndicate, or other group for the purpose of acquiring, holding, or disposing of securities of an issuer, such syndicate or group shall be deemed a ‹person› for the purposes of this subsection.»

Die notwendige «concert action» umfasst

> «persons ‹who seek to pool their voting or other interests in the securities of an issuer›»

oder

> «who ‹otain the benefits of ownership by reason of any contract, understanding, relationship, agreement or other arrangement›».[15]

---

[13] Als Beispiel wird hier verwiesen auf Steven H. Grifis, New York.

[14] Orson Inc. v. Miramax Film Corp., 79 F.3rd 1358, 1366 (3rd Cir. 1996), citing Copperweld Corp. v. Independence Tube Corp., 467 U.S. 752, 771, 104 S. Ct. 2731, 2742 (1984).

[15] Wellman v. Dickinson, 682 F.2nd 355, 366 (2nd Cir. 1982) (citing legislative history).

Die Konzepte sind hier breiter, erreichen jedoch in keiner Weise den schweizerischen Detailierungsgrad.

II. Die Frage nach den Leitprinzipien

A. Wirtschaftlich Berechtigter und Stimmrechtsvertretung

1. Zu erfassen ist direktes und indirektes Vorgehen

Das Menu der gesetzlichen Texte ist also reichhaltig und es dünkt mich auch schwierig, es *nach Prinzipien* zu ordnen. Ich wage hier einen Versuch, bin jedoch überzeugt, dass weiteres Nachdenken und die Praxis uns noch wesentlich klüger machen werden.

Grundsätzlich ergeben sich zwei Linien:
Einerseits soll *direktes und indirektes Vorgehen* eines wirtschaftlich Berechtigten erfasst werden und anderseits führt gemeinsames Vorgehen zu einer Betrachtung als *Einheit.*
Dies zwingt natürlich einmal mehr, sich mit dem schwierigen Problem der Bestimmung des *wirtschaftlich Berechtigten* auseinanderzusetzen – einer Figur, die unserem Rechtsdenken eigentlich fremd ist, sich im Finanzmarktrecht aber doch allmählich eingebürgert hat, nicht zuletzt auch auf dem Weg der Erhebung der «Sorgfalt bei Finanzgeschäften» gemäss der VSB[17] auf die Ebene des StGB (Art. 305ter) und jetzt ins Bundesverwaltungsrecht über das Geldwäschereigesetz (Art. 4)[18]. Es ist wohl richtig, dass er – trotz eines gewissen Widerstandes – auch in den Börsenverordnungen Einzug hält.
Dann folgen die Voraussetzungen einer Einheitsbetrachtung. Die beiden Betrachtungslinien können sich durchaus auch überschneiden, denn ein indirektes Vorgehen über den Einsatz von juristischen Personen kann

---

[16] Vereinbarung über die Standesregeln zur Sorgfaltspflicht der Banken vom 1.7.1992. Vgl. auch NOBEL PETER, Die neuen Standesregeln zur Sorgfaltpflicht der Banken, WuR *1987* 149 ff.

[17] Bundesgesetz zur Bekämpfung der Geldwäscherei im Finanzsektor vom 10.10.1997 (AS *1998* 892 ff.), in Kraft seit 1.4.1998.

gleichzeitig ein Tatbestand gemeinsamen Vorgehens sein, beispielsweise als «Unternehmensgruppe» (Art. 15 Abs. 2 lit. c BEHV-EBK).

Als Unterscheidungs- und Abgrenzungskriterium bietet sich hier an, dass die Aufdeckung indirekten Vorgehens der komplizierteren Konstellation der Gruppenerfassung vorgeht, die ein gemeinsames Vorgehen *verschiedener* wirtschaftlich Berechtigter impliziert.

2. Generalklausel als Auffangtatbestand indirekten Vorgehens

Beachtlich ist der Auffangtatbestand, wonach «alle anderen Vorgänge, die im Ergebnis das Stimmrecht über die Beteiligungspapiere vermitteln *können*», auch als indirekte Vorgehensweisen gelten (Art. 9 Abs. 3 lit. d i.V.m. Art. 26 BEHV-EBK). Hier ist nochmals anzumerken, dass Stimmrechte schon nach dem Gesetz relevant sind «ob ausübbar oder nicht» (Art. 20 Abs. 1 BEHG) und diese breite Erfassung führte auch zur Einfügung des «können» im Wortlaut von Art. 9 Abs. 3 lit. d BEHV-EBK.

«Alle anderen Vorgänge» sind hier diejenigen, die nicht über fiduziarische Arrangements oder über die Zwischenschaltung juristischer Personen das Stimmrecht vermitteln. In Frage käme hier etwa die Wertpapierleihe und bald auch das Pensionsgeschäft (Repo)[18].

3. GV-Vollmachten als Ausnahme

Klar ist die Ausnahme, wonach die Vollmachterteilung «ausschliesslich zur Vertretung an einer Generalversammlung» (Art. 9 Abs. 3 lit. d BEHV-EBK) nicht als indirekter Stimmrechtserwerb gelten soll. Hierin liegt natürlich ein Kantengang, denn es ist offensichtlich, dass gerade die GV der kritische Moment darstellt, in dem man vom Stimmrecht effektiv Gebrauch machen kann. Dies gilt insbesondere bei bedingten Angeboten, wo die GV für deren Wirksamkeit noch Beschlüsse fassen muss. Die Ausnahme ist daher *eng zu verstehen* und es ist auf Umgehungsmöglichkeiten zu achten.

Die Idee hier war, dass nicht in die neu im OR geregelten Modi der Stimmrechtsvertretung, einschliesslich der institutionellen Stimmrechtsvertretung (d.h. der Depotvertretung) eingegriffen werden sollte. So bezieht sich die Ausnahme ausschliesslich auf die Stimmrechtsvertreter selbst (un-

---

[18] Ausführlich zu den Repos BERTSCHINGER URS, Repurchase-Agreements – ein neues Geldmarktgeschäft, AJP *1997* 466 ff.

abhängiger Stimmrechtsvertreter, Depotvertreter, Gesellschaft). Für deren Tätigkeit sichert das Aktienrecht ja bereits eine minimale Publizität (Art. 689e OR).

Ob die Ausnahme nur die Vollmachterteilung für *eine* GV erfasst, also sozusagen die Spezialvollmacht (die ja im Falle BK-Vision/SBG vor Handelsgericht Zürich eine Rolle spielte), möchte ich hier noch offen lassen[19]. Die Tendenz dürfte aber dahin gehen, dass das zugelassen wird, was das Aktienrecht als Stimmrechtsvertretung für die GV erlaubt. Auch dort sind nach dem Gesetzestext ja immerhin Weisungen «vor jeder Generalversammlung» einzuholen (Art. 689d OR).

B. Gleichstellung von Absprachen und Gruppen

1. Erfordernis eines Organisationsgrades

Im Bereich des gemeinsamen Vorgehens dünkt mich eine Hauptfrage, ob – und wenn ja – wie das Handeln in gemeinsamer Absprache von der Gruppe zu unterscheiden ist.

Die Gesetzestexte würden eine Unterscheidung eigentlich nahelegen, da dort neben der «gemeinsamen Absprache» die Rede ist von einer «vertraglich oder auf andere Weise *organisierten* Gruppe» (Art. 20 Abs. 3, Art. 32 Abs. 2 lit. a BEHG); die letztere Wendung deutet auf die Notwendigkeit eines *Organisationsgrades* hin, der – nähme man sich Art. 150 Abs. 1 IPRG zum Vorbild – von gesellschaftsrechtlicher Qualität sein müsste. Dies trifft wohl auch für die organisierte Vorkehr zu.

Die Verordnungstexte machen die Differenzierungen zwischen gemeinsamer Absprache und organisierter Gruppe einstweilen (noch) nicht und dies meines Erachtens zu Recht, da sonst die Vielfalt der Konstellationen an die Grenze des Unüberblickbaren stiesse. Es werden hier als Gruppen auch die gemeinsamen Absprachen behandelt (Art. 15 BEHV-EBK) oder als gemeinsame Absprachen auch die Gruppen (Art. 27 BEHV-EBK).

Grundsätzlich wird stets auf das Eingehen von «Rechtsverhältnissen» oder «organisierter Vorkehren» abgestellt; man kann hieraus die Absicht

---

[19] Vgl. dazu Urteil vom 2.9.1996 E. 5. Von klägerischer Seite wurde geltendgemacht, der Organvertreter dürfe sich nicht mit einer einmal gegebenen Vollmacht begnügen; es brauche vielmehr eine Einzelvollmacht für die konkrete Generalversammlung, einen bewussten Rechtsakt, was das Gericht verneinte.

lesen, ein rein faktisches Parallelverhalten auszusparen. Trifft dies zu, würde der Anwendungsbereich doch entlastet. Wie weit die UEK hier einen anderen Weg einschlagen will, wird sich weisen.

Auch gemeinsam *beabsichtigtes* Parallelverhalten würde indessen erfasst. Abzustellen ist auf das Kriterium des Konsens.

2. Privilegierung bei Meldepflichten

Für den Fall der Meldepflicht kann man in der Gleichsetzung von Absprachen und Gruppen eine Privilegierung der gemeinsamen Absprache sehen, da nur (aber immerhin) die «gesamte Beteiligung sowie die Identität der einzelnen Mitglieder» zu melden sind. (s. Art. 20 Abs. 1 und 3 BEHG).

Im Bereich der Angebotspflicht dient die Gleichstellung erstens in unschädlicher Weise der Erfassung aller Formen des Zusammenwirkens. Zweitens wird dadurch aber nicht verunmöglicht, dass die Ausnahme von der Angebotspflicht bei internen Übertragungen (Art. 32 Abs. 2 lit. a BEHG) auf organisierte Gruppen beschränkt bleibt (i.V.m. Art. 34 Abs. 2 lit. b BEHV-EBK als Sondertatbestand).

3. Erfassung des Konzerntatbestandes?

Die Erfassung von Konzernen als gemeinsame Absprachen oder Gruppen geht eigentlich weiter als die Erfassung der übrigen Tatbestände, da bei den Konzernen damit der Konzerntatbestand per se als «Rechtsverhältnis» koordinierten Vorgehens behandelt wird.

Dies ist eine sehr weitreichende Auffassung, zumal sie auf alle Arten von Beherrschungsverhältnissen anwendbar ist und nicht etwa, wie im aktienrechtlichen Konzernrecht, auf eine Leitungseinheit abstellt. Der Konzern wird damit als *wirtschaftliches Einheitsunternehmen* behandelt.

4. Ausnahmetatbestand

Art. 32 Abs. 3 BEHG enthält bezüglich des Pflichtangebots einen Ausnahmetatbestand, der folgendermassen lautet:

> «Die Angebotspflicht entfällt, wenn die Stimmrechte durch Schenkung, Erbgang, Erbteilung, eheliches Güterrecht oder Zwangsvollstreckung erworben werden.»

94

Die Formulierung erinnert an Art. 685d Abs. 3 OR (keine Ablehnung des Erwerbers), wo heute in der Liste bekanntlich aber die Zwangsvollstreckung fehlt (anders als in Art. 685b Abs. 4 OR). Da ein Erwerb aus Zwangsvollstreckung aber ein willentlicher Erwerb ist, fragt sich, ob die Ausnahme börsenrechtlich wirklich zu rechtfertigen ist. Dass die Gläubigerinteressen der konkursiten Gesellschaft hier genügen, ist wohl nur mit Vorbehalt anzunehmen.

Die Ausnahme gilt nur für die Angebotspflicht – und ist dort jedenfalls eine per se-Ausnahme innerhalb einer Gruppe (Art. 34 Abs. 2 lit. b BEHV-EBK) – und nicht auch für die Meldepflicht. Ein Anfall aus privilegierten Gründen kann nun mit einem vorbestehenden Gruppentatbestand zusammenfallen; da kann sich ein Strauss von Problemkonstellationen auftun.

Man könnte sich fragen, ob als Konsequenz dieser Ausnahme vorbestehende Gruppenverhältnisse, die keine Angebotspflicht auslösten, dann aber durch einen privilegierten Anfall die Grenze überschreiten, nicht aufzulösen sind, wenn sie nicht unter die Angebotspflicht fallen wollen. Die Frage ist zu verneinen, da sonst die vom Gesetzgeber beabsichtigte Bevorzugung der Familiengesellschaft allzu schwach wurde.

Die Ausnahme ist wohl aber zeitlich nicht perpetuierbar, sondern gilt nur für den damit erreichten Bestand, der so an seiner oberen Grenze sozusagen «eingefroren» würde und nur noch (unter Beachtung der Meldepflichten) abgebaut werden kann, wenn man nicht unter die Angebotspflicht fallen will. Eine fortgesetzte Subtraktionsmethode wäre mit dem Transparenzgebot schwieriger zu vereinbaren.

III. Schlussfolgerungen

Ich habe versucht, durch verworrenes, noch wenig konturiertes Gelände zu führen. Für Juristen ist Arbeit geschaffen worden. Der Schweizer Gesetzgeber wollte sich nicht an der Nase herumführen lassen; ich kann nur hoffen, dass auch noch Zeit für schönere Wege als durch Verordnungstexte bleibt, z.B. der Weg der Divina Commedia die aber auch so beginnt:

> «Nel mezzo del cammin di nostra vita
> mi ritrovai per una selva oscura,
> ché la diritta via era smaritta.»

Sachregister

Erstellt von Dr. Stefan P. Bühler, Basel

A

Aktienübernahmepflicht im ABV
  → Übernahmepflichten im ABV
Angebotspflicht
– bei Erwerbsrechten im ABV 79, 86 f.
– bei Übernahmepflichten im ABV 79,
  86 f.
Ankaufsklausel, statutarische 43
Ankaufsverfahren, aktienrechtliches
– Ausgestaltung 43 ff.
– Nachteile 47 ff.
– Voraussetzungen 44 f.
– Vorteile 45 ff.
– Wirkungen 47
Ausscheiden aus dem ABV
– bei Erwerbsrechten 64 f.
– bei Stimmbindung 24, 26 f., 28
– bei Übernahmepflichten 67 f.

B

Bata-**Urteil** 27
BEHG → Börsen- und Effekten-
  handelsgesetz
BEHV → Börsenverordnung, des
  Bundesrates
BEHV-EBK → Börsenverordnung-EBK
Beteiligung am ABV
– eines Aktionärs oder Verwaltungsrats →
  Steuerung
– mehrerer Aktionäre → Block
– sämtlicher Aktionäre → Doppel-
  gesellschaft
Block
– Auflösung 26 f.
– Begriff 22, 26
– *clausula rebus sic stantibus* 26
– Rechtsnatur 26
– Rechtswirkungen 26 f.
– Treuepflicht 26

börsenrechtliche Auswirkungen auf ABV
– auf Erwerbsrechte → Erwerbsrechte im
  ABV, börsenrechtliche Vorschriften
– auf Stimmrechtsvereinbarungen
  → Stimmrechtsvereinbarungen,
  börsenrechtliche Vorschriften
– auf Übernahmepflichten
  Übernahmepflichten im ABV, börsen-
  rechtliche Vorschriften
– Leitprinzipien
  – Erfassung direkten und indirekten
    Verhaltens des wirtschaftlich
    Berechtigten 91 ff.
  – Gleichstellung von Absprachen und
    Gruppen 93 ff.
– Rechtsvergleichung
  – deutsches Wertpapierhandelsgesetz 89
  – Europarecht 88
  – englischer *City Code* 89
  – französischer *Code des Sociétés* 89 f.
  – US-amerikanisches Recht 90 f.
Börsen- und Effektenhandelsgesetz 76
Börsenverordnung
– des Bundesrates 76
– -EBK 76

C

Call-option → Kaufsrecht, bedingtes
City Code **89**
Code des Sociétés **89 f.**

D

Dauer der Bindung
– bei Erwerbsrechten
  – bedingtes Kaufsrecht 63
  – Vorhandrecht 63
  – Vorkaufsrecht 58

– bei Stimmbindung 11 f., 16 f.
– bei Übernahmepflichten 67 f.
Dividendengarantien 30
Doppelgesellschaft
– Auflösung 24
– Begriff 22 f.
– Rechtsnatur 22
– Rechtswirkungen
– *inter partes* 24 f.
– gegenüber Dritten 24
– Verantwortlichkeit
– der AG 25
– der Doppelgesellschaft 25

E

EBK → Eidgenössische Banken-
kommission
Eidgenössische Bankenkommission 76
Einheitstheorie, aktienrechtliche 47
Erwerbsrechte im ABV
– Abgrenzung zum Ankaufsverfahren des
Vinkulierungsrechts 43 ff.
– börsenrechtliche Vorschriften
– gesetzliche Pflichten
– Angebotspflicht 79 f., 86
– Meldepflicht 77 f., 83 ff.
– Rechtsgrundlagen 76 f.
– Sanktionen bei Verletzung
– der Meldepflicht 79
– der Übernahmepflicht 80
– Erscheinungsformen
– bedingtes Kaufsrecht 39, 42 f., 58 ff.
– Vorhandrecht 39, 41 f., 58 ff.
– Vorkaufsrecht 39 ff., 54 ff.
«escape clause» 45, 51

F

fiduziarischer Verwaltungsrat →
Verwaltungsrat → Steuerung

G

Gegenstand
→ Erwerbsrechte im ABV
→ Stimmrechtsvereinbarungen
→ Übernahmepflichten im ABV
**«Gemeinsames Handeln» nach Börsen-
recht 80 f., 83 ff.**
Gültigkeit der Stimmbindung
– bei GV-Beschlüssen 9 ff.
– bei VR-Beschlüssen 13 ff.

H

Holvis-**Fall 18**

I

Inhalt
→ Erwerbsrechte im ABV
→ Stimmrechtsvereinbarungen
→ Übernahmepflichten im ABV

K

Kaufangebote, öffentliche → Angebots-
pflicht
Kaufsrecht, bedingtes
– durch ABV
– Ausgestaltung
– Abtretbarkeit 63
– Abwicklung 62 f.
– Anwachsen 63
– Aufteilungsregeln 63
– Auslösung 62
– Bezugsrechte bei Kapitalerhöhun-
gen 65
– Dauer 63
– Erschöpfung durch Ausübung 63 f.
– Essentialia 58 ff.
– Rücktrittsrecht des veräusserungs-
willigen Konsorten 64 f.

– Störungen in der Vertragsab-
  wicklung 63
– Vertragsüberbindungspflicht 64
– Begriff 42, 58
– Unterschied zu Vorkaufs- und
  Vorhandrechten 43
– statutarisches 53 f.
Koalition durch Block 26
Koalitionsfreiheit der Aktionäre 15
**Kommission für öffentliche Kaufange-
bote 76**
Konsortialvertrag 24 → Stimmrechts-
vereinbarungen, Typen
Kündigung → Ausscheiden aus dem ABV

M

Meldepflicht
– bei Erwerbsrechten im ABV 77 f., 83 ff.
– bei Stimmrechtsvereinbarungen im
  ABV 77 f., 80 ff., 85 f.
– bei Übernahmepflichten im ABV 77 f.,
  83 ff.
Minderheitenschutz
– bei Pool-Verträgen 30, 33
– durch Block 26
– durch vertragliche Dividendengarantien 30
– durch vertragliche summenfixierte
  Mitspracherechte 30
Mitspracherechte, summenfixierte 30

N

**Notifikation durch den Vorhand-
Pflichtigen 41**

O

öffentliche Kaufgebote → Angebotspflicht
**«Organisierte Gruppe» nach Börsen-
recht 81 f., 85 f.**

P

Paritätstheorie 16, 19 → Verwaltungsrat,
Verhältnis zur GV
Pool 22 → Stimmrechtsvereinbarungen,
Typen
Poolvertrag 23, 29 → Stimmrechts-
vereinbarungen, Typen
Put-option **65 f.** → Übernahmepflichten
im ABV, Ausgestaltung

R

Reserve für eigene Aktien 44
Right of first refusal **41, 58** → Vorhand-
recht
Richtlinie 88/627/EWG 88

S

societas leonina **30**
Stärke und Schwäche des ABV 8
Steuerung
– Begriff 22, 27
– fiduziarischer Verwaltungsrat 27
– Kündbarkeit 28
– Rechtsnatur 27
Stimmbindung → Stimmrechts-
vereinbarungen
Stimmrechtsvereinbarungen
– Abgrenzung zu Veräusserungs-
  beschränkungen 38 f.
– börsenrechtliche Vorschriften
  – gesetzliche Meldepflicht 77 f., 80 ff.,
    85 f.
  – Rechtsgrundlagen 76 f.
  – Sanktionen bei Verletzung der
    gesetzlichen Meldepflicht 79
– Gültigkeit der vertraglichen Stimm-
  bindung für
  – GV-Beschlüsse 9 ff.
  – VR-Beschlüsse 13 ff.
– Rechtsfolgen rechtswidriger Stimm-
  bindungen

– Ungültigkeit der Stimmrechtsaus-
  übung 21 f.
– Ungültigkeit des ABV 22
– Typen
  – Block 22, 26 f.
  – Doppelgesellschaft 22 ff.
  – Steuerung 22, 27 f.
– und *Joint Venture* 8, 22 ff.
– Vertragsklauseln, einzelne
  – Einigungszwang 30 f.
  – Exklusivität 28 f.
  – formelle und materielle Stimm-
    bindung 29 f.
  – Patt-Situationen 31 f.
  – qualifiziertes Mehr 30
  – Vorversammlung, Einzelheiten 32 f.
  – VR-Geschäfte 13 ff.
Störungen in der Vertragsabwicklung
– beim bedingten Kaufsrecht 63
– beim Vorhandrecht 63
– beim Vorkaufsrecht 56

T

Togal-**Entscheid 24**
Treuhand 23 → Stimmrechtsvereinbarungen, Typen

U

Überbindungsklausel im ABV 64
Übernahmepflichten im ABV
– Ausgestaltung 66 f.
– börsenrechtliche Vorschriften
  – gesetzliche Pflichten
    – Angebotspflicht 79 f., 86 f.
    – Meldepflicht 77 f., 83 ff.
  – Rechtsgrundlagen 76 f.
  – Sanktionen bei Verletzung
    – der Meldepflicht 79
    – der Übernahmepflicht 80
– Problemkreise 65 f.
Übernahmekommission → Kommission
  für öffentliche Kaufangebote

Übernahmeverordnung-UEK →
  Verordnung der Übernahmekommission
  über öffentliche Kaufangebote
UEK → Kommission für öffentliche
  Kaufangebote
Ungültigkeit
– des ABV 22
– der Stimmrechtsausübung 21 f.

V

Veräusserungsvertrag 23 →
  Stimmrechtsvereinbarungen, Typen
**Verordnung der
  Übernahmekommission über
  öffentliche Kaufangebote 76**
**Verrechnungssteuer auf eigenen
  Aktien 45**
Vertragsinhalt
→ Erwerbsrechte im ABV
→ Stimmrechtsvereinbarungen
→ Übernahmepflichten im ABV
Verwaltungsrat
– doppelter Pflichtennexus 14
– fiduziarischer → Steuerung
– Kernkompetenzen 15, 19
– Stimmbindung 13 ff.
– und aktienrechtliches Ankaufsverfahren
  44, 47 f.
– und Koalitionsfreiheit der Aktionäre 15
– Verwaltungsratbindungsverträge 19,
  48 ff.
**Verwaltungsratbindungsverträge 19,
  48 ff.**
Vinkulierung
– und Erwerbsrechte 43 ff.
– und Stimmbindung bei GV-Beschlüssen
  9 f.
Vorhandrecht
– durch ABV
  – Ausgestaltung
    – Abtretbarkeit 63
    – Abwicklung 62 f.
    – Anwachsen 63

– Aufteilungsregeln 63
– Auslösung 62
– Bezugsrechte bei Kapitaler-
  höhungen 65
– Dauer 63
– Erschöpfung durch Ausübung 63 f.
– Essentialia 58 ff.
– Rücktrittsrecht des veräus-
  serungswilligen Konsorten 64 f.
– Störungen in der Vertragsab-
  wicklung 63
– Vertragsüberbindungspflicht 64
– Begriff 41 f., 58
– Beispiel 69 ff.
– Unterschied zum Vorkaufsrecht 41
– statutarisches 53 f., 68 f.
Vorkaufsrecht
– durch ABV
  – Ausgestaltung
    – Abtretbarkeit 57
    – Abwicklung gemäss Dritt-
      kaufvertrag 56

– Anwachsen 57
– Auslösung 55 f.
– Dauer 58
– Essentialia 55
– Freistellung bestimmter Fälle 55
– Gesamtausübungsklauseln 57
– Preislimitierung 55
– Störungen der Vertragsabwicklung
  56 f.
– Zuteilungsregeln 57
– Begriff 40 f.
– statutarisches 52 ff.
**Vorschlag für eine dreizehnte Richtlinie
des Europäischen Parlaments und
des Rates auf dem Gebiet des
Gesellschaftsrechts über Über-
nahmeangebote 88**

W

Wertpapierhandelsgesetz 89

101